市村操一

なぜナイスショットは練習場でしか出ないのか

本番に強いゴルフの心理学

GS 幻冬舎新書

なぜナイスショットは練習場でしか出ないのか　目次

第1章　プレッシャーの原因を探り、上手に克服せよ 39

第3章　ゾーンの中でプレーする

編集協力　大澤拓也
DTP　美創

序章

アニカ・ソレンスタムと宮里藍の強さの秘密

「へそだしルック」から見える強さの秘密

スウェーデンの女子プロ、アニカ・ソレンスタムが、今年（２００６年）７月のはじめに３度目の「全米女子オープン」のタイトルを取った。これで、メジャーの勝利は10勝目のようである。１９９５年に賞金女王になって以来、８度の賞金女王に輝いている。息の長いトッププレーヤーである。１、２度勝つチャンスは多くのプロに巡ってくるが、勝ち続けることは難しいと、ジャック・ニクラスが語っていたことがあった。ニクラスはさらに、勝ち続けるためにはラッキーだけではなく、選手の自己管理能力と努力・精進が必要だと述べていた。

２００４年にアメリカで出版された"Golf Annika's Way; Gothan Books, New York"（邦訳『アニカ・ソレンスタム54プレゼンツ』ゴルフダイジェスト社）はアニカ・ソレンスタムの「技術と精神と身体」について書かれた本である。この本の終章はアニカの体力づくりが写真入りで紹介されている。へそだしルックなので、立派な身体《からだ》つきがよく分かる。

ただし、セクシーな写真を想像されると、失望されるだろう。腹筋は男子のハンマー投げ選手のように、食パンのような区切れのはっきりした盛り上がりを見せている。日本人だと、男性でも、いくらトレーニングしても、この盛り上がりは出てこないことが多い。内容、質ともにかなりのトレーニングをやっていることが想像される身体である。

筆者は1997年に、来日中のアニカにインタビューをした経験がある。そのとき彼女の身体から受けた印象は、「猫のように」「ゴムマリのように」柔らかく弾力性のある感じであった。この感じは、さまざまなスポーツの一流選手に共通した特徴である。今回、アニカのトレーニングの写真を見て、柔らかさプラス力強さを感じた。このような身体は、スタミナもあるし、柔軟で疲れないし、怪我も少ないのである。

アプローチに不可欠な集中力

鍛えられた身体は、精神面の働きにも影響を及ぼす。疲れるとおっくうになるのは誰もが経験することである。一般のゴルファーなら、午後のラウンドで疲れてくると、手にしているクラブが適当ではないのではないかと思いながらも、取り替えるのが面倒になり、ミスにつながることがある。

身体的な疲労が集中力の妨げになることは、実験的にも確かめられているし、われわれもコースでよく経験することである。夏の暑いラウンドで、アプローチを失敗した経験を振り返ってみると、身体がゆるんだだけではなく、強い逆目《ぎゃくめ》に気づかなかったりといった、ミスを犯していることに思い当たる。

サッカーの中田英寿選手が、今年のワールドカップの予選リーグでオーストラリアに負けたあと、「走れていなかった」とコメントを残した。確かに、日本人選手のスタミナ切れであった。最後の最後に連続して得点を許したのは、走れないだけではなく、「判断力の停止」でもあったと見ることができる。身体的疲労やストレスによる消耗は、思考の柔軟性を低下させると考えられている。思考の柔軟性の低下は、ワンパターンの思考に表れる。サッカーやバレーボールのようなチームスポーツでは、通らないパス回しだと分かっているのに、それを繰り返すようになる。「これがダメなら、別の方略で」という発想が出なくなってしまうのである。

夏の深く、硬いラフに打ち込んだゴルファーが、そこから距離を稼ごうとし、強打してダフり、5メートル前進。作戦を変えるかなと思って見ていると、また同じことを繰り返して6メートル前進。そのようなゴルファーの頭の中には、もはや「がんばる」というワンパターンの思考しかない。歩き方もゆるんでいる。

思考力アップに少しは身体を鍛えなさい

アニカに話を戻す。彼女が「筋肉マン」的身体に鍛える努力の裏には、一つの壁があったと想像する。それは、欧州にもある「女性的身体イメージ」である。英語にも「おてんば娘」というやや差別的な言葉はある。(「tomboy」)である。アメリカにはさらに「レスビアン」の男性役というイメージもある。そんなわけで、アメリカの女性スポーツ選手の中には「筋肉モリモリ」へのトレーニングに対する無意識な心理的壁があるといわれている。

私はアニカに「あなたは自分をゴルファーと定義しますか、アスリート（競技者）と定義しますか」と聞いたことがあった。そのとき彼女が「プロのアスリート」と答えたことを記憶している。彼女の筋肉モリモリの「へそだしルック」を見れば納得である。

われわれも、ゴルフの中での自分のアイデンティティを「遊び人」ではなく「ゴルファー」と感じていようとするなら、やはり、少しはフィジカルなトレーニングも必要なのであろう。地下鉄の駅ではエスカレーターでなく、階段を昇るぐらいのことはしたいものである。

アニカのトレーニングメニューを調べてみると、シーズンオフには週に5日ジムに行っている。驚くべきことにシーズン中でも、週に3日はトレーニングを行っている。それでも彼女は「自分はトレーニング中毒ではない」と言う。「自分には目標があるからトレーニングが苦にならないのだ」と言っている。アマチュアの皆さんも、「もっと筋力をアップしたいのか」「18ホール持続するスタミナをつけたいのか」「ドライビングの飛距離を伸ばしたいのか」を自問して、最も重要な目標を、とにかく「書き出して」みなさい、と述べている。頭の中で考えるだけではダメのようである。そして、次のように述べてもいる。「目標を達成するには、その目標に集中することが大切である」と。日本の男子プロに、聞かせてやりたい言葉でもある。

18ホールズの気分を一定に保つ秘訣

ゴルフのゲームは長い時間がかかる。始めから終わりまで同じ気分でいるのは難しい。アニカ・ソレンスタムと対談したときに、彼女は「どんなときでも気分を一定に保つように努力している」と言っていた。

たしかに、彼女は感情をほとんど表さない。映画で見るプロのギャンブラーの、まるっきり無表情な演技を連想してしまう。そういえば、不動裕理も表情の変化を見せない。

それに対して、われわれ一般ゴルファーの気分は、一つのゲームの中で何度も変化するようである。いくつかの例をあげよう。

「ベストスコアを狙《ねら》うぞ」→目標指向の気分
「スコアを狙うのは次回にしよう。今日は楽しく」→楽しみ指向の気分
「いいスコアを出したら、ゴルフばかりやっているのかって、言われそう」→否定的気分

このように、スコアに対する態度に限って考えても、それに伴う気分は変化する。では、どのような気分の保ち方がゴルフの成績にプラスになるのだろうか？

よい結果も悪い結果も自分次第

２００２年に、英国のハドソンとウォーカーという心理学者が、マッチプレーのトーナメントに出場した大学選手の気分を、インタビュー方式で綿密に調べた研究論文を発表した。成績の上位の選手と下位の選手の比較では、上位の選手は、ソレンスタムの言うように、気分の一貫性を示していた。

では、その気分の内容はどのようなものだったのであろうか？

一つは、「目標指向」の気分であった。何かを達成したいという、前向き、あるいは未来指向の気分である。

二つは、「順応的状態」と呼ばれるものだが、皆が求める価値を自分も求める、といった態度に結びついた、素直な気分である。たとえば「皆と同じように自分もよいスコアを出したい」と望むような順応的な気分である。「スコアはどうだっていいんだよ」などと、へそ曲がりな言葉を吐《は》かない状態である。

三つは、「自己指向」の気分である。喜びも悲しみも、その元は自分の行為の結果によってもたらされると感じるような気分である。よい結果も悪い結果も自分次第と感じるような気分である。「自己中心性」ともいえる気分の持ち方である。

「目標指向」「順応的状態」「自己指向」と並べると、普通に付き合う友達としては、少し堅苦しそうな印象を受けるが、ゴルファーとしては強そうである。遊びのゴルフでは、一緒にはプレーしたくない人かもしれない。

プラスの気分がマイナスに転じるとき

この英国の心理学の研究はさらに続く。この気分は何らかのきっかけで全く反転してしまうことがあるというのである。

「目標指向」が、突然「ここからは、もう遊びだ」と変わったり、風景を楽しみだしたりするように、反対方向へ変わる。自分に集中していたゴルファーが、他のプレーヤーのプレーに気を取られたり、スコアを気にし始めたりする。

この反転の原因は、人の神経系の特性にまで遡《さかのぼ》れるということである。緑色ばかりの風景に飽きた目には赤が鮮明に映り、目はその赤に引きつけられてしまう。このように、「目標指向」や「自己指向」の気分を長く続けていると、それに飽きて、楽しくやろうと思いだしたり、他者の失敗が気になったりし始める、とこの論文は述べている。

この気分の反転が起こるきっかけは、バンカーでの不運やOBなどもあるが、それ以外に、よいプレーが続いている「退屈さ」も原因になることがあるのだという。たしかに、よいプレーが続いたりすると、「いつまでもこんなに好調が続くはずはない」などと思い始めて、萎縮《いしゅく》したり、逆にツキを確認したくなって冒険を試みたりすることがある。結果はあまりよくないようだ。

「気分の変化」でスコアを乱すことを避ける方法は、まだ十分には研究されていないのだが、まずは、「自分がゲームの中でどんな気分を持っているかを自覚することだ」と、この英国の研究は勧めている。

たとえば「目標指向で、スコアを大切にプレーしてきたのに、広いホールへ来たのでぶっ飛ばして目立ってやろうかな」などと、気分の方向づけが微妙に変化する自分の心に注意することは大切である。

アニカ・ソレンスタムの本の中に、パー5での彼女の心構えが載っている。「2打でグリーンを狙わないなら、ティーショットでなぜドライバーを持たなければならないのでしょう」という言葉が紹介されているのだ。

「目標指向」の気分を堅持するなら、まさに正論。文句はない。でも、反論もあるだろう。「それじゃ、ゴルフは面白くないよ」という言葉が聞こえてきそうである。アニカは、「気分を変えないこと、いつも同じ気分でのプレーを目指すなら、突然飛ばそうと気分を変えるのはよくない」と言うだろう。

アニカの「距離感と集中力を高める」パット上達法

前出のアニカ・ソレンスタムのレッスン書“Golf Annika's Way”のパッティングの章に、ティーを使った練習法がいくつか紹介されている。20〜30ヤードのアプローチパットで、グリーン上にティーを立てて、それを狙ってパターヘッドの長さ以内に止める練習がある。この目標は、われわれにとっては小さすぎると感じられるだろう。

ソレンスタムは、この練習法に次のようなコメントを付け加えている。「テクニックのことは心配しなくてよい。距離に注意を集めなさい。小さな目標に向かって打つことは、あなたの距離感を鋭くし、自信を高めます。コースに出ると、ホールが大きく見えるようになります」

ティーを目標にした練習法は、ニクラスも推奨していたことがあった。その推奨の理由はやはり集中力を高めることであったように記憶している。実際にやってみると、精神的にかなり疲れる練習であった。その練習をしてみて感じたことは、プロはわれわれとは比較にならないほどの集中と緊張感の中でパットをしているのではないか、ということであった。グリーンのスピードにせよ、カップの位置の難しい地形にせよ、われわれの集中のレベルではスリーパットどころか、4つも5つも打ってしまうに違いない。

プロは芝1本に狙いを定める

あるとき、杉本英世プロとプレーさせていただいたことがあった。現役を退《しりぞ》いてテレビの解説者になっていた時代である。グリーン上で、「プロはカップの真ん中とか、右めとか、左めとか言いますが、どのくらいの幅を狙うのですか」と私は聞いて、カップの入り口に1円玉大のマーカーを置いて、5メートルくらいの距離にいた杉本プロに聞いた。「その幅があると目標意識がはっきりしません」と杉本プロ。そのとき、ふとニクラスのレッスンを思い出して、ティーを取り出しカップの右の入り口に立てた。「このくらいの幅ですか」と聞いてみた。「そうですね、現役で好調なときは、芝1本に狙いを定めました。でも、今はもうできません」と杉本プロは笑った。「ゴルゴ13だな」と私は思った。

的を狙って当てる運動については、どのくらいの精度で、あるいは許容幅を持たせて狙えばよいのかは、見つめる時間の問題も含めて、まだ研究の余地のある問題である。強く的を見つめると、意識の変性が起こり、その的が大きく見えるようになるという経験も言い伝えられているが、誰もができるような方法を工夫するのは難しい。

多くのゴルファーが経験していることは、大きなカップを狙っても、意外に入らないということだろう。ショートコースなどに、グリーンキーパーの「遊び心」でつくられた、ジャンボカップは結構難しいし、構えてもなかなか集中できないものである。

ゆったりと、余裕を持って目標を定めることは、気分的には楽かもしれないが、正確さにはあまりプラスにはならないのではないか、という疑問を持ったことがあった。

筑波カントリークラブの研修生やプロにお願いして、目標の取り方とショットの正確さについての小さな実験をしたことがあった。

50ヤードの距離の練習グリーンに向かって、アプローチをする課題である。グリーン上に2メートル四方の区域をつくって、その中に10発中何発ランディングさせられるかを調べた。もう一つの条件は、2メートル四方の中にハンカチを広げ、それを狙うものである。計6名が2組になって別の順番で、二つの条件のアプローチ練習をやってくれた。

結果は、ハンカチのある条件のほうが、2メートル四方に着地する確率が高かったのである。また、彼らの主観の内容を聞き出すと、ボールの着地点はそれよりも狭い範囲に限定して狙っているようであった。私はそのとき、打席から、ウェッジを持って彼らの目の付け所をにらんで、打ってみようとしたが、とてもそんな精度で打てる自信は持てなかった。直径7～8メートルのグリーン上のどこでもいいなら打てそうな気がしただけであった。

曲がるパットの練習法とイメージ

アニカ・ソレンスタムのティーを使った練習法に話を戻そう。この本に紹介されているティーを使った練習法の中で、とても感心した方法がある。それは、曲がるパットの練習法でのティーの使い方である。たとえば、ゴルファーからカップを時計の文字盤のように見て、7時を入り口にして1時の方向に転がり込む（左―右）のラインのパットを練習する場合である。アニカの練習法は、ティーをカップの後方、1時のところに立てるのである。この方法を聞いただけで、「あっ」と思った人は、きっとパットの上手な人に違いない。

アニカの説明をつけ加えると、こうである。「ラインの延長線上のカップの向こう側に立てたティーを狙いなさい。コースでもそこにティーがあることをイメージしてストロークしなさい。ボールはハイサイドから入っていくことになります」

ボールが曲がるとき、カップの高いほうの側面をハイサイドという。ボールに勢いがなくローサイドにいくと、カップインの確率は低くなるので、上級者は必ずハイサイドを狙う。カップの奥に目標を決めることは、ショートする失敗を防ぐことにもなる。

パッティングの秘訣として、「向こう側の壁にぶつけて入れろ」という言葉があるが、アニカのアイディアは、ストレートなラインの練習でも有効だろう。

不安と自信とスコアの関係

今年8月の第1週、「全英女子オープン」をテレビで観戦した。久しぶりで、アニカ・ソレンスタムのプレーぶりを見た。ちょうど1カ月前に全米女子オープンに勝った後であったが、スコアは伸びず7オーバーの31位に終わった。そのために、テレビに映る機会は少なかった。

だが、テレビに映されたとき、解説者が、「われわれは現在、男子にはウッズ、女子にはソレンスタムという、ゴルフの大スターの活躍している時代のゴルフを観る幸運に恵まれている」と言っていた。たしかに、ウッズはニクラスの記録を抜くだろうし、ソレンスタムも女子ゴルフの歴史で比べるもののない存在になりつつある。

フェアウェーでの気分の安定度

テレビに映った彼女のプレーぶりを見ていて、彼女が「どんなときでも気分を一定に保つように努力している」と言っていたことを再び思い出した。先述のとおり、1997年に彼女が来日し、インタビューした。そのとき、彼女を含めてスウェーデンのゴルファーの台頭の原因として、スウェーデン人の性格とゴルフの相性のよさが考えられるのではないかとたずねた。

その問いに対して、ソレンスタムは、「現代のスウェーデン人は、昔のバイキングとは違い、熱狂もしないし悲観的にもならない、片寄らない性格なのでゴルフに向いているかもしれない」と言っていた。そして「自分の性格もそのようである」と付け足した。

彼女の全英オープンでのプレーを見ていると、静かでゆったりとした動きが感じられる。その感じは、全盛期のニクラスにもあった。

公式競技では、アマでもプロでも、「ストロークするための許容時間」が与えられる。自分のストロークの順番が来たときに、ボールを打つまでに許されている時間である。この時間の長さは、ルールブックにはなく、試合ごとに、あるいはツアーごとに、ローカルルールとして40～60秒の間に決められる場合が多い。

ニクラスのフェアウェーでの振る舞いをアメリカツアーの試合で見ていて感じたことは、彼がこの「許容時間」を制限された時間としてではなく、与えられた時間として「自分のペースをつくるために」利用していることであった。順番が来たからといって急いで打つことはない。自分の集中力や緊張感が適切なレベルに上がってくるのを待っていることが分かる。逆に、静めていることもある。いずれにせよ、ニクラスも気分を一定に保ってプレーしていたように思われる。でもこの安定感では、ソレンスタムはニクラスの上かもしれない（ニクラスは時には、カッカとしていましたから）。

不安水準が高いとスコアも乱れる

「心理状態の安定性」と「ゴルフのスコアの安定性」の間には関連があるのか、また、「心理状態の安定性」と「スコアのよし悪し」の間には関連があるのか、このような問題を扱った研究が、2004年の「スポーツ行動学誌＝Journal of Sport Behavior」3号に発表された。

研究を行ったのは、オーストラリアのクイーンズランド工科大学、アメリカのインディアナ大学、スウェーデンのストックホルム大学の3人の研究者である。調査と実験の対象は、スウェーデン・ナショナル・アマチュア・ゴルフ・チームの男子選手8名（平均21歳）であった。かつてアニカ・ソレンスタムも、そのメンバーであったチームの男子である。

選手たちは1シーズンに平均27の試合に出ていたが、その中から各人が最も重要と考えた10試合について調査され、それらのデータが分析された。

【心理状態の測定】

この研究では、2種類の「不安の水準」と「自信の程度」が、質問紙によって測定された。2種類の不安の一つは、心に抱かれる心配のようなものであり、「試合前、気分が落ち着かない」とか、「試合前、神経質になる」といった項目に「しばしば感じる」「ときどき感じる」

「めったに感じない」というカテゴリーで答えることで測定される。このタイプの不安は「認知的不安」と呼ばれる。

もう一つのタイプの不安は、身体の違和感を伴う不安である。「試合前に、胃がムカムカする」とか、「試合前に、心臓がドキドキする」といった症候に現れる不安のタイプであり「体性不安」と呼ばれる。

2つの不安に加えて、「自信」のレベルが測定された。「ミスをするのではないかと心配だ（逆転項目）」とか、「激しい努力を要求されるゲームが好きだ」というような項目で測定される。

これら3つの心理状態を測定する質問が、各ゲームの45分前に実施された。そして、質問紙の結果と試合でのスコアが突き合わされた。

【試合前の心理状態とスコアの関係】

まず、10試合での「不安得点の平均値」と「ゴルフのスコアの平均」の相関関係が調べられた。その結果、不安得点の平均値が高い選手ほど、ゴルフのスコアの平均も大きい（悪い）傾向が見られた。体性不安よりも認知的不安のほうがマイナスの影響が強かった。さらにマイナスの影響があるのは、「自信のなさ」であった。このあたりに「ポジティブ思考」の必要性が強調される理由が見られる。

さて、本題の「気分のばらつき」と「スコアのばらつき」の関係である。

一人の選手の10試合の間の不安得点のばらつきの大きさが、10試合でのスコアのばらつきとどのような関係にあるかが、統計的に分析された。

その結果は、2種類の不安とも、それらのばらつきは、スコアのばらつきとかなり強い関係にあることが見出された。不安の大きい日や少ない日などの変動の大きいプレーヤーは、スコアのよい日と悪い日の変動も大きいことが分かったのである。ここであらためて、ソレンスタムの全英女子オープンの戦績を振り返ると、05年5位、04年13位、03年1位、01年2位と、安定した戦績を残していることが分かる。

気分を安定させる工夫については、本書の他の項で話したい。

宮里藍のストローク後の「一瞬の静止」

このところ、何かとゴルフのテレビ放映を見る機会が多かったような気がする。女子プロの活躍のためであろう。

宮里藍のプレーを見ていて、往年の青木功のプレーに似た雰囲気のあることに気づいた。優秀な選手には共通点があって当然だし、共通点も一つと限られたわけでもない。

何が似ているのかと思いながら観戦を続けるうちに、「これだ」と思う動作を発見した。宮里は、長いパットを打った後でも、頭をすぐには動かさずに止めておく。つまり、5メートルほどのパットなら、ボールがカップに届くくらいまでは、頭は静止しているということである。

1980年の「全米オープン」で、ジャック・ニクラスと4日間同じ組で戦い、ニクラスと最後まで死闘を演じた青木功。その最終日の後半のパッティングの光景が、記憶の中からよみがえってきた。強気のパットをする青木の頭は、まったくぶれていなかった。弓の名手が放射した後の「残心」の構えのように、ボールをヒットしたその時点のままに残されていた。

宮里もかなり長いパットでも、ボールをヒットした後で頭を残しているようである。

パットの正確性は頭を上げずに我慢から

パッティングでのヘッドアップを防止する工夫として、「ショートパットでは、ボールがカップに落ちた音を聴いてからカップを見なさい」という教訓が昔から伝えられている。私も先輩からこのようにパッティングの心得を指導された。50センチのパットでも、カップを見ないで頭を残して打つことは、最初は恐ろしい。1メートルもオーバーしてしまうのではないか、と不安になったりする。でも、これは練習する価値がある。ショートパットの成功率は確実によくなる。

ロングパットでもボールの行方を追って頭を上げてしまったり、上体を起こしてしまうことは、パットの正確性を損なうようである。

かなり以前の話になるが、人の眼球運動を小さなビデオカメラで撮影することで、人の注意がどこを向いているかを調べるアイカメラが開発された。そのアイカメラを使って、プロとアマチュアのパッティングのときの目の焦点を調べたことがあった。プロの目線は、ボールを打った後でもボールのあった位置に残されていたが、アマチュアの目線は、ボ﹅ー﹅ル﹅を﹅ヒ﹅ッ﹅ト﹅す﹅る﹅以前にカップに向けられる確率が高かったのである。打つ瞬間には目線も頭の位置も動いてしまっていることが多いのである。

タイガー・ウッズの上体と視線

最近アメリカの本屋からインターネットで購入した『ゾーンの中でゴルフをプレーせよ』という本を読んでいたら、次のようなアドバイスが載っていた。

「ロングパットをするときには、ストロークを終わってから2~3秒は顔を上げてはいけない。この次にプロのトーナメントを観戦するときは、タイガー・ウッズがパットのストロークをした後に、どれだけ長く上体を静止させ、目線をパットした場所に残しているかに注意しなさい」

2~3秒とは実際にやってみるとかなり長い時間である。本気になって練習しないと、これだけの時間は、目線と頭の位置を残しておくことはできない。

この注意を読んで、自分の観戦の態度を振り返り、反省したことがある。私は、テレビでも現場でもタイガーのパッティングを何回も見てきた。しかし、タイガーがパッティングの動作を実行すると、どうしても、すぐにボールの行方を目で追ってしまっていた。結果が気になるためである。

タイガーのパッティング動作を、ストロークが終わった後まで意識して見ていたことがなかったことに気がついた。シーズンが始まったらぜひ、そのような観点から見てみたいものである。多分、青木功と同じような動きが見られると思う。そして、宮里藍のストロークの後の

「一瞬の静止」も再確認したいと思っている。

球筋でなく身体に視線を集中させよ

このような、微妙な運動の観察学習で大切なことは、頭や胸など身体の重要な箇所に視線を集中させ続けることである。しかし、視線の焦点は動いている対象（ボール）を追いかけてしまう。止まっている箇所を見続けるのは、少しの練習が必要だ。でも、それができるようになれば、パッティングで重要な動作の理解は深くなるに違いない。

このような動作の観察の秘訣は、パッティングだけではなく、スイング全般についても言えることである。トーナメントの練習場などで、プロがボールを打っているところを見学する際に、ナイスショットの球筋に感心して見入るのではなく、トップで右腕がどのようにたたまれているか、フォロースルーでの肩と頭の関係などに視点を当て続けることは、とてもよい勉強になる。ティーショットで右前方から観察すると、練習場では見ることのできない角度からのフォームが観察できる。私は、フィニッシュでの左腕の動き方をこの角度から勉強させてもらったことがある。

宮里藍が米ツアーで知った「カップにねじ込む」気迫

2006年の「全英オープン」の最終日、深堀圭一郎は不調だった。79のスコアは最終日をホールアウトした71選手中70位であった。放送席からのインタビューに応えて、深堀は「パターも含めて、ショートゲームでの精神力に足りなさを感じた」というような意味の感想を述べていた。その感想に対して、ラウンドレポーターの羽川豊が「緊張して手のひらがジワーッとくることがある。そのような場面でのミスを防ぐには、普段の練習でどこに力を入れるべきか意識しておくことが大切だ」というような説明を加えていた。

確かに、大事な場面で「入れなければならない」という気持ちになると、人間は、自分の動きに対して自己監視的になる。「これでいいのだろうか？」と自分の身体の感覚をチェックするようになる。普段の練習で、自分の動きや力の入れ方を自覚する練習をしていないと、チェックができずにあわてることになる。

ずいぶん前に杉本英世プロに聞いたことだが、若い頃の練習で、わざと緊張した状態をつくりだし、そのような状態ではどこに意識を置けばパットが打てるか、を工夫したそうである。手先に意識を置くのではなく、身体の中心に近いところに意識を置くことが効果的だった、と話していたように記憶している。

そのようなわけで、羽川の説明には納得したのだが、深堀が「ショートゲームでの精神力」という言い方をしたとき、私は別の意味を想像していた。そして、宮里藍が日本の試合の後でもらした言葉を思い出していた。

ロングパットも「入れにいかないと」勝てない

米ツアーを中心にプレーするようになった宮里が、どの試合であったかは忘れたが、素晴らしいロングパットの成功について、「入れるつもりにならないと入りません。入ればいいな、では入らない」と日本の記者のインタビューに応えていたのを思い出した。

私はこのコメントを聞いたとき、宮里は日本のツアーより高いレベルの緊張感の中でプレーし始めたのだな、と感じていた。日本でなら、スリーパットしないところに寄っていればまずまずの状況でも、米ツアーのように、レベルの高い選手が大勢いるところでは、誰がバーディーを奪っていくか分からないのである。それに、一発逆転を狙ってギャンブルを仕掛けてくる選手はいくらでもいる。このような状況のゴルフでは、日本では「入らなくても仕方がない」と諦《あきら》めてしまうようなロングパットでも、「入れるつもりにならなければならない」のであろう。私は、全英オープンでの深堀の「ショートゲームでの精神力」という言葉を聞いたとき、このような状況で、保守的にならないで攻めることができる精神力、あるいは入らなくても仕方がないとは容易に諦めない精神力を言っているのではないかと思っていた。

「週刊ゴルフダイジェスト」誌2006年8月22・29日号に、宮里藍のインタビュー記事が載っていた。それを読んでいたら、宮里がなぜ「入れるつもりにならなければ入らない」という言葉を吐いたのかがよく分かってきた。宮里は、米ツアーの雰囲気を次のように語っている。

「チャンスはまぐれや偶然じゃなく、自分の手でつくる！　ロングパットでもなんでも、どこからでも捩《ね》じ込む。そういうゴルフをここでは皆、あたり前にやっているから、土壇場でドラマみたいなプレーができるんです。普段からやっているから、それが不可能じゃなくなる」

このようなハイレベルの競争状況の中で、宮里は日本でのゴルフに対する姿勢の反省と同時に、新たな環境での適応を考えている。

「自分はロングパットの練習をそれまでやらなさすぎた。でも、練習していると、不思議とロングパットも狙えるイメージが湧いてくるんですよ。日本では7～8ｍのパットは『チャンスじゃない』と決めつけていました。でもこっちじゃ、皆が長いのをどんどん入れてくるし、獲っておかないと上に行けないんです。最初から入らないものと決めつけて練習しなかったのは、大きな間違いでした」

宮里は、米ツアーに参加することで、自分に足りないものを発見したのである。つまり、それはショートゲームでの妥協しない精神力ということもできよう。全英オープンで深堀の感じたことも、このようなことではなかったのだろうか。

「ショートゲームでの精神力の差」はパーをセーブする気迫

プロ、トップアマ、一般のゴルファーと3つのカテゴリーを並べてみて、ゴルフのプレー振りに差が出るのはどこかと考えると、ドライバーの飛距離ではないことは明らかである。筆者の私見では、「パーをセーブするときの気迫」なのではないかと思う。アプローチショットでグリーンを外しても、絶対にパーはもぎ取るぞ、という集中力である。トップアマとプロでも、この点では差があるようだ。

一般のゴルファーは、とても諦めが早いようである。グリーンを外した後のアプローチも、だいたい寄ればいい、という気持ちが強く、絶対にワングリップ以内にとか、カップインさせるといった執着が薄い。練習もしていない。パットにしても、宮里の7〜8mはおろか、3mもあると、入らなくてもしょうがないという気持ちになってしまう。

ゴルフでは、ティーではなく、グリーンでの緊張感の高まりが必要なのかもしれない。

第1章 プレッシャーの原因を探り、上手に克服せよ

なぜ人はプレッシャーを感じるのか

ゴルフでは、心理的な重圧や緊張を感じることを、「プレッシャーを感じる」と表現するのが一般的なようである。スポーツ心理学では「ストレスを経験する」という表現が一般的である。

プレッシャー、つまり心理的重圧感の原因はさまざまである。他人が見ていることも、もちろんプレッシャーになる。しかし、少し深く考えてみると、見ている人がゴルフを知らない「幼児」だったら、プレッシャーにはならない。

われわれは、見ている人が自分のゴルフを「評価」するだろうと考えて、プレッシャーを感じているようだ。あるいはゴルフを通して「人格を評価」されるのではないかと恐れて、プレッシャーを感じる。つまり、プレッシャーの原因は「評価」であるともいえる。

がんばりすぎは大きなマイナス

プレッシャーの原因にはどのようなものがあるか。イギリスの25歳の大学院生・ニコルスは、それを組織立てて研究し、「スポーツサイコロジスツ」誌に発表した（2005年）。

「ゴルフにおけるストレス対処法の効果の現象学的分析」という論文だが、ハンディ6の腕前のこの研究者は、アイルランド代表のジュニア選手18名（平均ハンディ、0・9）に綿密な面接調査を行っている。その結果、競技ゴルフのジュニア選手の「プレッシャー」の主な原因として、次の5つがあげられた。

①成果のプレッシャー……勝つこと。予選通過。上位入賞など
②ミスのプレッシャー……クラブ選択のミス、パットのミスなどが、その後のプレーのプレッシャーとなる
③スコアのプレッシャー……出さねばならない目標のスコア、1ホールでの大叩き
④評価のプレッシャー……観衆や選手選考委員の前でいいプレーをしたいという気持ち
⑤対戦相手のプレッシャー……強い相手、好調な相手

このようなプレッシャーの中で、選手は自分で自分を励ましたり、深呼吸したりして、プレーが乱れないように対処しようとする。この論文の後半は、選手たちのプレッシャー対処法が報告されている。その中で目立つのは、「がんばりすぎ」のマイナスの効果である。「私はスタートでのつまずきを、すぐに取り返そうとした」「私は強く打とうとしすぎた」「強引なプレー

を始めた」というような反省に表れる、対処の失敗である。選手たちに効果があると感じている対処法は、次の項以降で詳しく紹介したい。ここでは「プレッシャーの性質」について、もう少し分析してみたい。

90を切るゴルファーが感じる4つのプレッシャー

ここに示した研究は、ジュニア選手とはいえ、平均ハンディが0・9のエリートゴルファーたちを対象としたものであった。もう一つ「ゴルフでのストレス」を研究した論文がある。2004年に、フロリダ大学のギアコビーらによって発表された「上級および中級ゴルファーのストレスの原因と対処法」という論文である。

この研究の対象となったゴルファーは、大学の体育の授業でゴルフを選択した125名の中から選ばれている。上級および中級と認定された条件は、①研究の年（2000年）の9月までに、そのシーズン中、10ラウンド以上プレーした経験のあるもの、②3年以上のゴルフ歴のあるもの、③公認ハンディが18以下か、平均ストロークが90以内、などであった。このように絞っていくと、3つの条件をパスしたものは11名の男子学生であった。平均スコアは75～90間に散らばっており、平均は85・5であった。一般のゴルファーからみれば、かなり上手だが、競技ゴルフの選手とまでは言えないレベルである。それだけに、ストレスの経験について、一般のゴルファーが共感する点もあるだろう。

選ばれたゴルファーは、「ゴルフでのストレス」あるいは「プレッシャーの経験の原因」と「それへの対処法」について、インタビュー調査を受けた。その際、ストレスとプレッシャーは同じ意味で使われることが説明され、その内容については「懸念、不安、身体の緊張、神経質になること、怒り、息苦しさや神経的発汗などの身体的反応、取り越し苦労や自己否定を含む考えなど」と説明された。

ゴルファーは、そのようなプレッシャーを感じた「原因」と思われることと、その「対処法」を答えた。まず、プレッシャーの原因、専門用語で言うなら「知覚されたストレッサー」が分析され、4つのカテゴリーに分類された。それらは、次のようである。

①評価する他者……プロの場合と違って、この場合は観客ではない。われわれと同じように仲間であろう。仲間が自分のゴルフを見て、なんらかの評価をしているかどうか、実際には分からなくとも、そのように感じてしまうことであろう。

もう一つの原因は、同伴競技者の目であろう。とても素敵な異性と組んだとき、とても上手なゴルファーと組んだときにも、その目は普段よりはプレッシャーのもとになる。この分類に入るキャディーもいる。

②プレーの困難さ……これはたくさんある。池、バンカー、OBゾーン、そして最も大きな

プレッシャーの源は、コースの長さである。不得意のクラブもストレスの元だ。

③心理的・感情的問題……だいたいは思うようにいかないフラストレーションと、失敗するのではないか、という不安・懸念から起こる。

④競争のストレス……よいショットを打つことよりも、相手に負けたくないということに気持ちが向きすぎると、このストレスは大きくなり、プレッシャーとしても感じられる。

以上がフロリダ大学の「ストレスあるいはプレッシャーの原因と対処」の研究の「原因」についての結果である（対処法は別の項で紹介する）。

ここに示されたゴルフのプレッシャーは、学生ゴルフ選手たちの経験したプレッシャーである。つまり、まだ複雑な社会生活を経験することのない「気楽な若者」のプレッシャーである。

社会人ゴルファーは、複雑な実生活の問題を、ゴルフコースにまで持ち込んでいる場合がある。「予定の仕事が片づいていないのにコースに出てきた」「今朝の出掛けの女房の態度が気に入らないな」「あそこのサラ金の利息、いくらになったかな」「今日の接待の相手の実力はどのくらいかな」などなど、われわれは、ゴルフそのものからくるストレス以外のストレスを、プレッシャーと感じている。そのようなプレッシャーの問題は別個に考察したい。ここでは、純粋にゴルフに関わるプレッシャーの話に限定したい。

うまくいかなくたっていいじゃないか

この本では「プレッシャー」という言葉と「ストレス」という言葉を、厳密には区別しないで使っている。本節では「ゴルフにおけるストレス対処法の効果の現象学的分析」という論文の紹介を中心に話を進めたいので、ここでは「ストレス」という言葉を使う。前項で紹介したが、この論文は、２００５年に「スポーツサイコロジスツ」誌に発表された、イギリスの25歳の若い研究者によるものである。

この研究の特徴は、かなりの数のトップアマチュアに、「大きなストレスを経験し、それをうまく処理したときと、うまく処理できなかったときのこと」をインタビュー調査で綿密に聞き取っていることである。それも、競技ゴルフの現場での経験を聞き取っているので、現実味のある話であり、スタープロの名言として語り継がれている「心構え」よりも、われわれに身近に感じられるものである。

ショットに集中、１００％力を出す

インタビュー調査に参加したのは、アイルランドのジュニア代表選手の18名。年齢は14歳か

ら21歳（平均17歳）、ハンディキャップは＋1・5から3（平均0・9）、ゴルフ歴5年から14年（平均8・3年）であった。インタビューを行った研究者は、その当時24歳の大学院生で、ゴルフ歴は5年、ハンディ6であった。

各選手に45〜115分の電話インタビューが行われた。そこで語られた言葉を綿密に分析した結果、ストレスに対処する有効な方法には大きく分けて、「認知的（思考的）対処」「行動的対処」「情動的対処」の3つのタイプがあり、それらが組み合わされて実行されている様相が浮かび上がってきた。

それらの対処法とその例を一覧として示そう。

［A　認知的（思考的）対処法］

1　思考遮断法　「過ぎた試合のことは考えない」「考えないようにしよう。自分のショットに集中」

2　認知・思考の調整　「やってきたショットを変えないでいこう。突然違ったことはやるまい」

3　積極的な言葉　「100％力を出そう」「うまくいかなくたっていいじゃないか」

4　合理的思考	「失敗したからといって、あせるな。世界の終わりじゃない」「たとえ、それをしなくとも、問題ないよ」
〔B　行動的対処法〕	
5　ルーチンに従うこと	「自分のルーチン（準備行動の手順）に集中」「自分のルーチンを遂行するだけだ」
〔C　情動的対処法〕	
6　呼吸の調整	「冷静になるために深呼吸を始めた」「最後のフェアウェーで呼吸運動をしたのを覚えている」
7　リラクセーション	「緊張を解くためストレッチングをした」「ウォームアップのために素振りを余計にやった」
8　支援を求める	「キャディーと距離を再チェックした」「キャディーと1分ほど雑談した。それは役に立った」

失敗の後呼吸を整える

以上は選手のインタビューの結果をまとめたものであるが、選手たちが現実の場面で使用している対処法には、このような要素がさまざまな形で混ざり合っている。具体的なストレス対処の例を、次に2つ示そう。

【ストレス対処の具体例　その1】

ヨーロッパ選手権の予選でプレーしたフィル（21歳、ハンディ＋1）は、有効なストレス対処の経験を次のように回想した。

「私のルーチンに集中しながら、自分のショットのことを多く考えていたと思います（私は考えました）。『100％の力を出そう。たとえそういかなくとも、かまうものか。ともかくも、逃げないでいこう』。私はショットごとに、自分に100％の力を出すのだと言い続けました。そして内心ではこう思っていました。『心配するな。失敗したからといって、世界の終わりが来るわけではない』

この言葉は助けになりました。それから『逃げるな……前向きに』という言葉も助けになりました。私は『もし、あのショットを打ってさえいたならば、とか、あそこで逃げていなかったならば』といった後悔を残してコースを離れたくなかったのです」

この例の中で、フィルはポジティブなセルフトーク（自分への語りかけ）と認知・思考の調整（ともに認知的方略）を使ってストレッサーに対処していたと言えよう。

【ストレス対処の具体例　その2】

何人かのプレーヤーは失敗を犯した後でも、なお有効にストレス対処を行った。たとえば、キーロンという選手は失敗に対処するために、呼吸を調整し、注意の焦点の再調整を行った。
「ボールを池に入れてしまいました。落ち着くために深呼吸をして、いやなことから注意をそらすために水を一杯飲みました。そして、次のショットに集中しようとしました。それはこの場合には効き目がありました。私は冷静になって、結果、よいショットをピンの近くにつけ、ボギーで切り抜けました」

このような例は、呼吸の調整による情動的対処法の一例と考えることができる。

軽率で強引なショット

前項で、アイルランドのジュニア代表選手18名のストレス対処法に関する研究を紹介した。特に、「有効であった対処法」の紹介をした。

この研究のインタビューでは、有効であった対処法だけではなく、効果がなかった、あるいは有害だった対処法についても聞き取りが行われた。この項では、効果的でなかったと回想された対処法とその内容を紹介し、われわれのプレーの反省の材料にしたい。

ルーチンを変更するな

［A 行動的対処法］

1 がんばりすぎ

「私は、きつくやりすぎようとした」「私はよいスタートが切れるように努力してきた。スタートがよくないと、その日のうちにそれを取り返そうとした。辛抱ができなかったのですね」

2　スピードアップ

「優勝のことなんか考えていませんでした。軽率にプレーしてしまった」「強引なショットをし始めた」

3　ルーチンの変更

「なぜ、プリショットルーチンを実行して、前向きに対処しなかったのだろう？」「起き上がって、ティーアップして、よく考えずにボールを林に打ち込んだ」

［B　認知的対処方略の不足］

4　ネガティブ思考

「これからプレーすることが心配で、結果は引っ掛けました」「右に打ってはいけないと思ったら、結局は1マイルも左に行った」

5　コーピング（ストレス対処）の欠如

「何も対処を試みませんでした。何も考えずに重い足取りで歩きました」「対処のために何もしなかった。そのことから学んだことを振り返ると、状況が悪くなるにまかせていて、何とかできればいいとだけ思っていました」

プレッシャーは「がんばる」だけでは克服できない

実際に選手たちが回想している「対処法の失敗」は、実は、われわれ一般ゴルファーが、ピンチのときに反射的にやってしまう行動や思考法のようである。「がんばるぞ」と、努力の量を増大させることは、必ずしもよい結果にはならないようである。ピンチに立たされて、普段やったこともないようなスイングを急に試みたりするのもよくないようである。スピードやテンポを速めるのも有害であるようだ。

興味深い一つの問題は、「対処法を身につけていなかった反省」である。一人のプレーヤーの反省として「対処のために何もしなかった。状況が悪くなるにまかせていて、何とかできればいいとだけ思っていました」という言葉が取り上げられている。このような状態は一般ゴルファーもよく経験することであろう。「何かプレッシャーを感じているみたい。でも、どうしていいか分からない。とりあえず、力いっぱいがんばる」というような状態である。

この研究の対象になった若い競技ゴルファーも、がんばって失敗するという経験を数多く報告している。それらの実際の例を3つ見てみよう。

【ストレス対処の失敗の具体例　その1】

グラハム（21歳以下の国際選手）は、アイルランド・ユース選手権試合でストレス対処（コーピング）がうまくいかなかった経験がある。

「コーピングがうまくいかなかった。とても神経質になっていました。ボールを水に入れました。起伏があるホールでしたが、難しくはありませんでした。でも、うまくプレーできませんでした。そこでダブルボギーを打ちました。『もうだめだ』と思いました。

次のホールはパー5で、ドライバーと6番アイアンで届きそうでした。でも、バーディーは取れませんでした。『これで終わり』と思いました。私はコーピングをしていませんでした。正直言って、なにもしていませんでした。私は頭にきたわけではありませんが、冷静さを保とうと努力しました。そこで、やったことは、ボールをもっと飛ばそうと思って強すぎるほどに叩こうとしたのです」

グラハムは、彼の認知と情動を管理するために、なんらかのコーピング方略も使用することができなかったようである。そして、コーピングとしてやったことは、ボールを強くひっぱたこうとする、行動的試みであった。グラハムがストレス対処のためになにかやったことがあるかどうかを聞かれたときに、彼がストレス対処の技法をなにも実行していないことが確認された。

「私は特になにもしませんでした。それまでの数ホールのプレーを振り返っていました。そして思いました。『なぜプリショットルーチンを実行しなかったのだろう？　なぜなんの対処方策も実行しなかったのだろう』と。でも、そのときには、そんなことは頭に浮かばなかったのです。私はボールを強く打とうとしました。強すぎるくらいに。それで失敗した後で、ドロップショットにならないように注意はしましたが……」

【ストレス対処の失敗の具体例　その2】

ローレンス（16歳、ナショナル・ユース選手権に初出場）も、また、がんばりすぎ（trying too hard）の経験を語っている。

「私はスコアを挽回しようとがんばりました。力を入れすぎたのでしょうか、今までに打ったこともないような、ひどいショットがいくつか出てしまいました。私はとんでもないところから、いいショットを打とうとしていました。私はマウンドの上にいました。パー5の第2打を打とうとしていました。私は、ややアップヒルライから、このマウンドをドライバーで越えようと考えていました。実行しました。その結果、行ってはいけないところに行ってしまいました。3番アイアンで打てばよかったのです。私は深いラフの中に打ち込んでいました」

この2つの例に見るように、ローレンスは難しいショットを打とうと、懸命になりすぎ、先のグラハムの場合も、がんばりすぎることは、結果として悪い成果につながり、ゲームをコントロールできた感じにはなっていない。ミスを急いで取り戻そうとするがんばりは、悪い結果につながりやすいようである。

【ストレス対処の失敗の具体例　その3】

この「がんばりすぎる＝trying too hard」ことは、マッチプレーで、できるだけ早く勝とうとする焦りにもつながる。ベン（16歳、ハンディ0）は次のように述べている。

「去年、ラインスターの少年大会でプレーしていたときのことです。私は4ホールを残して2打リードしていました。でも負けました。私はボールに力を入れようとしました（trying to force the ball）。そしてできるだけ早く勝とうとしました。冷静ではいられなかったのです。興奮しすぎていました。冷静に、勝利が向こうからやってくるのを待っていられなかったのです」

われわれのゴルフで言えば、林に打ち込んだミスを、急いで取り戻そうとがんばって、傷口を大きく広げるような失敗であろう。

ゴルフは楽しくなければ

前項ではジュニアのエリート選手たち（平均ハンディ、0・9）のストレス対処法について紹介した。本項では、先に述べたフロリダ大学の研究で、大学の体育のゴルフのクラスに出ている、上級者と中級者11名（平均ハンディ、13）によって報告されたストレス対処法を紹介する。

彼らが報告した対処法は6つのカテゴリーに分類された。実例を含めてそれらの対処法を見ていきたい。ストレスに対して、単にリラックスする、という対処法以外にもさまざまな対処法が行われていることが分かるだろう。

いい日もあれば悪い日もある

①［認知的技法］

広く言えば、考え方、感じ方を自己コントロールしていく技法である。イメージの利用、集中の工夫、セルフトーク、受容などが含まれる。この技法はさまざまなタイプのストレスへの対処に適用されている。

1 イメージの利用。 たとえば、ショットに先立って、プロのスイングをイメージする。ホールにボールが転がり込むのを心に描く。ポジティブな結果を想像するメンタル・プラクティスを行う。

2 集中の工夫。 困難で複雑な状況にぶつかったときに、注意を向けるポイントを絞り込んだ。強い相手と対戦したとき、これまでより集中し、動作を少しゆっくりと入念に行った。当面のショットに心を集中させた。

3 セルフトーク(自分への語りかけ)。 困難なときに、自分に心の中で言い聞かせる言葉を使う方法である。「ポジティブに」とか、「このようなショットは成功させたことがある」とか、スタートでつまずいたときに「まだ17ホールズあるぞ」とか、ミスショットを打ったとき「誰も気にしちゃいないよ」というように、自分に言い聞かせる対処法である。仲間の見ている前で、ショットするときのストレスに対して、次のようにセルフトークを行っている者もいる。

「これは実生活ではないのだ、スポーツなのだと自分に言い聞かせます。たいしたことではないのだ、緊張するほどのことではないと、その状況の評価をわざと下げようとします。ゴルフは楽しくなければ、と思うようにします」

このような、セルフトークは、一般のゴルファーもやっていることであろう。

「2ついいショットが出れば、悪いショットも2つは出るさ」と、心の中でセルフトークして、気持ちを静めている例もある。

4　楽しい言い訳。スコアが悪かったときの落ち込みに対処して、「好きなことをやっているのだ」と自分に言い聞かせる。また、楽しい言い訳を考える。

5　受容。悪い事態が起こっても「仕方がない」と受容する対処法。「いい日もあれば、悪い日もある」「雨は自分のところにだけ降っているのではない」なども現実の受容である。

②［リラクセーション技法］

リラクセーションの方法は、主として身体を通して行われている。深呼吸や筋肉の弛緩を通して、心身をリラックスさせるタイプの技法が用いられていた。しかし、反射的で素朴な方法が行われているようで、正式な呼吸法や弛緩法は行われていない。スタート前に、身体を伸ばして深呼吸する、という程度の方法が行われていた。

③［コース外での努力］

ゴルフ雑誌の記事で、ストレスを少なくする方法を学ぶ。メンタル・トレーニングのレッスンを受ける。

④［コースでの対処方略］

これには、「コースでのプレーの進め方」と「プリショットルーチン」がある。

1　コースでのプレーの進め方。「大振りしないでいこう」「ロングアイアンを使うのはこらえよう」「距離をもっと分析的に把握しよう」「池は避けていこう」「プレーの速度を速めよう」「自信のあるクラブでいこう」「1番ティーでは安全に」などなど、これらの考えもストレスへの対処法と言える。筆者の場合は、ミスの後でだらだらせずに、いくぶん速度を速めて、さっさと歩いていくのが、ミスからくるストレスを緩和させるのに役に立った。

2　プリショットルーチン。これはショットの前の準備行動である。飛行線の確認、素振り、アドレスの足の位置やグリップの形の確認などの行動が含まれる。この準備動作を、「いつも同じ順序で、同じリズムで実行すること」が確率の高いショットにつながることは実験でも確かめられている。このフロリダ大学の面接調査でも、次のような報告がなされている。

「プリショットルーチンの実行が、私のゲームにとって本当に重要であることが分かった」

「プリショットルーチンを実行すると、気持ちが集中するようになった」

この準備行動のリズムを一定にする方策は、ドライバーショットに適用されるだけではなく、パッティングにおいても行われていた。

過ぎたホールは考えない

ゴルフでのストレス、あるいはプレッシャーに対処する方法について、フロリダ大学での研究の続きを紹介する。上級者と中級者がよく用いる対処法が6つ特定された。そのうちの4つについては、前項で紹介した。ここでは、残りの2つについて見ていくことにしたい。

怒りを100％抑圧しない

⑤［回避型対処］

この言葉は聞きなれないものであろう。実は、筆者も初めて出合った言葉である。英語では"Avoidance Coping"という言葉が使われている。その意味の説明を読むと、われわれも頻繁に行っているストレス対処法であることが分かる。つまり、ストレスの源となる物、あるいは事から心を逸《そ》らしてしまう対処法である。このカテゴリーの中には3つのタイプがあって、第1のタイプは、アルコールとタバコである。

1 アルコールとタバコ。人数は多くはないが、アルコールとタバコを、ゴルフのラウンド中にやっているものがいた。特に成績が思うようでない場合に、気を紛らわせるため、アルコールを飲んでいた。ハーフの後でのビールは、神経を落ち着かせると語ったものもいた。筆者は酒で神経を落ち着かせるほどの酒飲みではないので、アルコールがストレス対処法になっているとは気がつかなかった。スコットランドのゴルファーが、ウイスキーを携帯してプレーしているが、寒さのためかと思っていたが、それだけでもなさそうだ。

タバコのほうはよく分かる。各ティーで1本が私のペースだった。イギリスのクラブハウスにあるスモーキングルームで、プレーの後の葉巻をやってみたかったが、禁煙に成功して、夢に終わったようである。ここで思い出したのだが、ニクラスもワトソンも、テレビに映らないところではタバコを吸っていたようである。尾崎将司のタバコ姿はあまりよいものではなかったが、今となっては懐かしいものになった。

2　気を逸らす方略。スコアが悪いとき、ゴルフ以外のことを考える。スランプのときには他のスポーツをやってみる。気に入らないパートナーとプレーするときには、同じ乗用カートに乗らないようにする。気の合った友達とゴルフ以外のおしゃべりをする。

このタイプの対処法には、この研究で報告されている方略以外にも多くのやり方があるだろう。ミスの後で、池の魚に話しかけたプロもいた。一般的な傾向だが、調子の悪いプレーヤーからは、距離をとって歩いていくほうがよいようだ。

3　ストレス状況を無視する。ストレスの源になるのは、他のプレーヤーや、自分のミスや、前のホールの反省や、池や、自分のスコアであったりする。このようなストレッサーに対して浮かんでくる考えや感情を、無視しようとする方略が試みられている。

「過ぎたホールでの問題は無視する」というようなやり方が一般的だが、「積極的な無視の仕方」も見られる。ひどいプレーの後で、「過ぎたホールは考えない。これが1番ホールだと考えよう」というような対処方略もある。また、「自分でスコアをつけるのをやめて、パートナーにつけてもらうことにしたら、いいプレーができた」というのもある。

⑥「情動への対処」

このカテゴリーでは、特にストレスによる欲求不満から生じる情動への対処が取り上げられている。そのために、不安のコントロールよりも、怒りの処理が問題となっている。このカテゴリーに関しては「ガス抜き」と「ユーモア」の2タイプの対処法が実行されていた。

1　ガス抜き。これがストレス対処法と言えるかどうか疑問もあるが、ミスに対して、ののしり声をあげたり、クラブを放り投げたり、かんしゃくを起こしたりした経験が4名のゴルファーから報告されていた。単にカーッとなっただけのゴルファーもいた。一人のゴルファーは次のような面白い報告をしている。「私は、うめき、グチを言い、泣き言まで言う。不平も言いますね。でも1ラウンド回ってくると、気分がさっぱりしてしまいます。

ゴルフでのグチが、心のガス抜きをしたみたいで」

この報告で思い出されることは、タイガー・ウッズの怒りへの対処法である。彼の方法は、怒りを100％抑圧してしまわないで、ゴルファーとしてのマナーに反しないような形で、怒りをいったん表出する。たとえば、少し腕を振るといった形である。しかし、3歩歩いたら忘れる、と自己暗示をかけて練習するというやり方である。この方法だと、3歩以内なら怒っていてもよいことになり、怒りを抑圧して蓄積させない効果があるだろう。

2　ユーモア。苦しい状況をユーモアやジョークで乗り切ろうとするのは、アメリカのゴルファーも日本のゴルファーも同じようだ。この研究でも「自分の置かれた苦境を笑おうとした」という報告が見られる。でも、「友人のひどいプレーに対してジョークを言おうと思ったら、相手がマジになっているのが分かって引けてしまった」という報告もある。

以上の対処法を見ると、一般のゴルファーの対処法とあまり変わらないような印象を受ける。また、メンタル・コンディショニングを本格的に練習したようにも見られない。

最後の「怒りのコントロール」や、その前の「雑念の停止」についても、「リラクセーション」についても、現在ではさまざまな技法が存在している。本書ではそのような技法についても話を進めたい。

強敵と組まされたときのプレッシャー対処術

2006年8月の「全米プロ」の最終組は、タイガー・ウッズと英国の若手ルーク・ドナルドが同スコアでスタートした。結果はウッズの楽勝であった。ウッズの68に対して、ドナルドの74のスコアは、ウッズと組んだプレッシャーのためであろう。しかも、メジャー・トーナメントのタイトルのかかったゲームでもあった。

全米プロでの、ウッズとドナルドから分かること

メジャーで勝つことは大変なことだろうし、特にそれまでに未勝利の選手には余計にプレッシャーがかかるだろう。勝利に手が届きそうなところにまで来て崩れた選手は数多くいる。

1996年のマスターズ・ゴルフ・トーナメントでのグレッグ・ノーマンも、である。2位と6打差の単独首位で最終日を迎えながら、最終ラウンドで78の6オーバーを叩き、追い上げたニック・ファルドに5打差をつけられて、大逆転負けをした悲劇の試合がある。

さらに古くは、1982年、ロイヤル・トルーンでの全英オープン。ここでのボビー・クランペットの挫折がある。倉本昌弘が4位に入った試合だから、記憶のある読者もいるだろう。

アメリカの新人、クランペットが67、66と飛ばし、3日目に78と乱れるが、まだ5アンダーでトップを維持。T・ワトソンに3打の差をつけてスタートするが、77と崩れ、ワトソンに逆転され、倉本にも抜かれてしまった。

世界各国で70回近く勝っているノーマンでも、何かの拍子で信じられないような負け方をする。それが、ゴルフというゲームなのかもしれない。まして、クランペットのような新人には、避けて通ることのできない試練だったかもしれない。クランペットは残念ながら、その後大きな成果を聞くことはなかった。

ノーマンのほうは、2位の多い選手と言われながらも、世界ランキングのトップを6年も維持するほどの偉大なゴルファーになった。

2位の最も多いプロは誰かといえば、ジャック・ニクラスのようである。全英オープンだけに限っても優勝は3回に対して、2位は7回である。このように見ると、優勝を逃しても、めげずに辛抱強く、自分を信じて戦い続けたものに、優勝は巡ってくるものと考えるべきなのであろう。ゴルフのような偶然が避けられないゲームでは、優勝は逃したことを残念がるより、近づいたことを喜ぶべきなのかもしれない。

アメリカツアー10勝、USオープンにもマスターズにも勝っているファジー・ゼラーは、ゴルフでの勝利についての哲学を、次のように述べている。

「多くの者は勝つことに必死になる。私は違うよ。2位で上がれば、勝利と考える。3位でも、凄《すご》いことだと思うよ」（ゼラーは1994年のシーズンで2位に5回もなった）

このような心のゆとりは、何度かの苦い経験の上にできていくものであろう。ただし、諦めないで、もがき続ける結果として、である。将来、2006年のウッズとのプレーを、われわれに思い出させてくれるように、ドナルドが大成することを期待したい。

社内コンペで部長と組まされたら

蛇ににらまれた蛙ではないが、全米プロでウッズと最終組を回って崩れてしまったドナルドのような立場になることは、われわれ一般のゴルファーにもある。

社内コンペで、大学の体育会系ゴルフ部出身の者と組まされた場合や、切れ者の部長でおまけに祖父の代から東京GCのメンバーなどという人と組まされた場合、並みのゴルファーは萎縮してしまう。帰国子女で「父の勤めの関係で、子供のときからロンドンでゴルフをやっていました」というような美人OLと組まされたりした場合も、スコアは期待できないだろう。

近年のスポーツ心理学では、このような状態で運動行動が乱される原因を、「緊張や興奮」などの問題として扱うと同時に、「注意」の問題として考えるようになってきた。

観客や対戦相手がいる状況で運動課題を実行する際に、人の「注意」は2つの方向へ向くと考えられている。

一つは、運動課題そのものへ向く「課題指向」である。ゴルフで言えば「フォロースルーをしっかりとって打ち抜く」といったことへの注意である。もう一つの注意の方向は、「自我指向」と言われ、自分が他者より優れているか劣っているか、他者からどう評価されているかについて注意を向けることである。

「勝つと思うな、思えば負けよ……」というような歌があったが、これは注意が「自我指向」に向いてしまい、実行すべき課題への注意がおろそかになる状態に対する警告の意味が含まれている。

ところが、ここに一つの問題がある。「勝たねばならない」と思うことは、一つの雑念だから、この雑念を追い払おうと努力したとしよう。そうすると、この努力自体が雑念になってしまい、ゴルフそのものへの注意を妨げてしまうのである。

「隣でプレーしているのがウッズだということを忘れよう」と思うと、忘れようとする努力だけでへとへとになってしまい、ゴルフは壊れてしまう、という理屈になるのである。

雑念を払う「プリショットルーチン」

このパラドックスを、どのように克服するかは、さまざまに工夫されてきた。その結果、近年のゴルフの研究では、何かを忘れようとするのではなく、プリショットルーチンの実行に意識を集中することが、確実に効果があることが分かってきている。ボールを打つまでの準備行動の手順を、いつも一定に、同じリズムで行うことで、忘れたいことから注意を逸らし、やるべきことに注意を向けていくことを狙っている。

アイルランドのアマゴルフの世界代表選手たちのインタビュー調査でも、最も効果のあるストレス対処法として、多くの選手から支持されている。

上役と組まされたら、スタンスやグリップを決めていく手順に集中すればよい。ただし、前もって練習して、自分なりのルーチンを決めておく必要がある。

プリショットルーチンの話は、他の項で詳しく述べることにするが、耳新しい言葉と思われる読者のために、ここでも簡単に説明したい。

ショットの準備段階で、われわれはさまざまな行動を行う。まず、自分のボールかどうかの確認。距離の確認。ハザードの位置や風の確認。ボールの弾道のイメージづくり。そして、グリップ、スタンス、チルト角度（前傾角度）、左右の足への加重のバランス、トップやフィニッシュのイメージなどなど、チェックポイントとでも言える事項は、数え切れないほどである。

このようなポイントの中から、自分のスイングを安定させるような重要な手がかりを選択し、すべてのショットの準備行動として、同じように実行する（ルーチン化する）ことを、プリシヨットルーチンを実行すると言っている。

強い相手も自分のことで精一杯

強いと思われるほうが、楽な試合をし、弱いと思われるほうが、プレッシャーにつぶされているとは限らない。胸を借りるつもりでいく挑戦者のほうが、心理的には有利な場合もある。社内のシングルプレーヤーと組まされた月一ゴルファーが、「上手な人に批判的に見られているのではないか」と恐れるように、シングルさんのほうも「しばらくコースに出ていないから、大叩きするかもしれない」と恐れている可能性もある。

そのような立場で、大勝負に臨む剣士の心構えについて、宮本武蔵は『兵法三十五箇条』の二十六項に「敵に成るという事」という話を書いている。これは、勝負のときには、敵の身に成り代わって考えてみることが大切である、という話である。

「剣士は敵に出会ったとき、相手の心の困難を思い取らねばならない。世の剣士は、敵の心も迷っていることを知らず、弱いものも強いと思ってしまったりして、相手を有利にする」というような内容である。

われわれは、上手な人や上司に監視されている、というようなプレッシャーを感じるが、相手も自分のことで精一杯、というわけである。

気分で変えずにゲームプランは守れ！

2006年7月の第3週末、イングランドのロイヤル・リバプールGCで行われた、今年のメジャー第3戦「全英オープン（ジ・オープン）」をテレビで観戦した。谷原秀人の活躍もあり、タイガーを中心としたエルスやガルシア、フューリックらのビッグネームの競り合いもあり、最後のタイガーの涙の優勝まで夜更かししてしまった。

全英オープンをテレビで観戦するときには、観戦ノートを手元に置いておくようになった。理由の一つは、他のアメリカでのメジャー・トーナメントと違って、英国のリンクス（海岸沿いの荒地）でのゴルフでは、ゴルファーの精神力を試す場面が頻繁に現れるためである。もう一つの理由は、各選手の内面を鋭く洞察した、青木功の名解説のためである。この解説からは学ぶことが多い。今年も、いくつかメモができた。その中から、「ゲームプランを貫き通す大切さ」について書いてみたい。

ティーショットに見るタイガーの「強い自己コントロール」

最終日の18番パー5、タイガーのここまでのスコアは18アンダー。2位のディマルコを2ストローク、リードしていた。ティーで手にしたクラブは、2番アイアン。もちろんフェアウェーをキープ。解説の青木が「どう間違っても、バンカーには届かないショットですね」と感心する。

タイガーの得意とする「ゲームプランを貫き通す」ゲームの進め方であった。このようなゲームの戦略を、われわれは2000年のセントアンドリュースでの、19アンダーでの勝利のときにも見せつけられた。このようなゲームの進め方は、観客から見ていると面白みのない地味なプレーである。尾崎将司やセベ・バレステロスのような、「それいけ、わっしょい」といった景気のよさは感じられない。しかし、プレーヤーの内面を推察すれば、かなり強い「自己コントロール」が必要だと思われる。

ラウンドレポーターの羽川豊も、タイガーの安定したプレー振りを賞賛していたが、次のような説明を加えていた。「調子よく、バーディー、バーディーときたようなときには、タイガーでさえ『見せよう』という気になるようで、そんなときにはティーショットのリズムを崩すことがある」

このような深い観察は、現場で見ているプロでなければできないものだろうと感心した。と同時に、1980年代の初め頃、羽川プロが関東プロの大詰めで打った特大のOBを思い出した。専修大学卒業直後の1981年に日本オープンに勝ち、その後、長いこと勝てなかった羽川は、たくさんの勉強をしてきたに違いないとも思った。

ドライバーは家に置いていく

谷原は最終日、1つスコアを伸ばし、通算11アンダーで5位タイという立派な成績を残した。5番のボギーと、6番パー3でのダブルボギーは悔やまれるが、そこから立て直した力は見事である。この5番でのプレーについて谷原は、「押さえたボールを打とうとしたら、引っかけてしまった」とコメントしていた。推測ではあるが、谷原のゲームプランには入っていなかったショットを、この場面で試みたのではなかろうか？

ベン・ホーガンが1953年、ただ一度、全英オープンに参加して優勝したとき、彼は10日以上前にカヌースティのコースに入り、日中は練習ラウンドをし、夕方は散歩をしてコースを勉強した、という話が残されている。ホーガンの頭の中には、すべてのショットの計画が出来上がっていたのであろう。

現代の忙しいプロには、ホーガンほどの時間をかける余裕はないだろうが、プレーのイメージをしっかり準備しようとすることは同じであろう。ゲームプランをつくり、気分によって変えることなく、そのプランを実行していくことが、確率の高い結果を生み出すのであろう。

さて、われわれのゴルフを振り返ってみよう。まず、「ゲームプランはあるか」ということである。全くない、ということでもないようだ。「ドライバーの調子が悪いから、スプーンでいこう」とプランを立てても、ちょっと調子がいいとドライバーを持ち出し、OBを打つ。ドライバーは家に置いていく以外に、ゲームプランを貫き通す方法はないようである。

サンデーゴルファーのゲームプランのヒント

アプローチでバンカーのラインを避けていく、というようなゲームプランも、いつの間にか忘れられて、危険なチャレンジをして、思わぬ大叩きにつながるのである。

月に1度くらいしかコースに出られないゴルファーにとっては、実際にはプレーは、出たとこ勝負であろう。前もってコースの状況を知っているわけではないし、自分の調子も十分に把握しているわけではない。そのような条件では、詳細なゲームプランをつくるのは不可能である。

だが、簡単なプランならつくることができよう。たとえば、「ラフに入ったら、ウッドを握って距離を稼ぐことより、アイアンで出すことを優先する」とか、「パー5のホールで2打でグリーンに届かせようとしないなら、第2打はアイアンで第3打の打ちやすいところへ運ぶ」など、技量に合わせたさまざまなゲームプランが可能である。

私個人の経験であるが、ゴルフを始めて3カ月目の頃、河川敷のコースで、アプローチを全部7番アイアンの転がしでやってみようと思い、それを実行して、初めて49のスコアが出たことがある。最初の30台のスコアも「転がせるものはすべて転がす」というプランで達成した。

1番ホールで9番のランニングの距離感がよさそうなので、ショートアプローチを全部9番でやって、36を出したこともあった。その日に調子のよいショットは変えないで使い続けるというのも、サンデーゴルファーのゲームプランになりそうである。

心も身体も緊張せず、リラックスできる方法

「リラックスしていけ」と他者からアドバイスを受けても、自分自身に言い聞かせても、そのとおりにリラックスできるゴルファーは、10人に一人もいないであろう。頭の中でいくらリラックスしようと思っても、そのとおりにはならない。リラックスするにはそれなりの技術が必要なのである。

人の心と身体は密接につながっているので、身体をリラックスさせることは、心のリラックスにもつながっていくことが多い。そして、心で心をリラックスさせようとする努力をするよりも、身体のリラックスを通して、心身のリラックスをはかるほうが、容易である場合が多い。

たとえば座禅の場合でも、心で心を鎮めようという努力はしないのである。雑念を払いのけようと頭で考えてそうするのではない。座禅で意識的に行われることは、正しく座り、正しく手を組み、正しく姿勢を伸ばし、正しく呼吸を整えることである。それ以外にはなにもない。静かに座っているときに、自然に頭の中に浮かんでくる不快なイメージがあったとしても、そのイメージを打ち消そうとして努力することは、あえて行わない。

この項では、ゴルファーが自分で練習できる「身体を通してのリラクセーション法」を紹介

したい。その方法は、筋肉のリラクセーションを直接の目的として行われているが、その目標は、身体と心の両方のリラクセーションなのである（リラクセーションという書き方は目障りかもしれませんが、本書では英語の発音に近い表記を用います）。

筋肉が緩んでいく感覚

ジェイコブソンは、「リラックスした身体の中に、不安な精神は存在することはできない」という仮定のもとに、漸進的リラクセーション（＝プログレッシブ・リラクセーション）という考え方を発展させた。この考えの基本は、身体のリラクセーションを通して、身体と精神の緊張を取り除き、安定をはかろうとするものである。

「プログレッシブ・リラクセーション」の方法の基本は、解緊させようとする筋群をいったん収縮させ、収縮状態を数秒間保持し、しかるのちに解緊させる、というものである。緊張の後に、解緊の時間を置くことによって、筋肉がリラックスしているときのフィーリングを感じ取ることが、この方法では大切にされている。

われわれは、筋肉を緊張させる感覚は明確に持っていても、緩《ゆる》んでいく感覚は日常生活の中ではあまり体験することはない。そのために、他者から力を抜けと言われたり、自らリラックスしようとしても、意図的に解緊することが困難なのである。

緊張を息とともに吐き出す

「プログレッシブ・リラクセーション」は、リラクセーションの専門書ではよく紹介されている方法なので、ここでは、ゴルフに役立ちそうな技法についてのみ紹介する。

①練習への導入

腰掛けるか、横になってリラックスする。目を閉じて、ゆっくりと深い息を鼻から吸う。そしてゆっくりと十分に吐き切る。そのとき、緊張が、息とともに出ていくことをイメージする(この呼吸を数回繰り返す)。

②肩のリラクセーション

両肩を耳に近づくように引き上げていく。首の付け根と肩の間に力が入り、熱くなるくらいに引き上げ、5秒静止する。その後で、力を緩め、肩が元の位置にゆっくりと戻っていくのを感じ取る。15秒以上時間をかけてゆっくり戻す。元の位置に戻ったら、力が抜けた状態を感じ取る。20秒くらいその状態を感じ取る。これを5回繰り返す。

③腕のリラクセーション

両腕を平行にして、身体の前に水平に伸びるまで引き上げる。その位置で腕をできるだけ前方に伸ばす。その緊張状態を5秒間保つ。その後で力を少しずつ抜き、腕がその重みによって下がり始め、体側まで下りてくるのを待つ。この間に、力が抜けていくことを感じ取る。完全に下がった後は、20秒くらい力の抜けた状態を、味わうように感じ取る。

④下肢のリラクセーション

ベンチに座って両脚を前方の地面につける。スパイクは履《は》いたままで、足首を手前に（アキレス腱を伸ばすように）曲げる。ゆっくりと強く曲げて5秒間止める。そのときヒラメ筋が伸びていることを感じる。その後に、足首を自然な位置まで緩めていく。その間に、下肢全体の筋肉が緩んでいくことを感じ取る。緩んだらそのままで20秒じっとして、その状態を感じ取る。

この他、自分が力を抜きたい場所に対して、この方法を行うとよい。首まわりなどに行うことも効果がある。

ゴルファーは、スタート前に緊張を感じると、深呼吸したり、体操をしたりして緊張感を低減させようとする。これは、緊張感から逃れる本能的な反射であり、効果が皆無ということはない。ここに示した方法は、緊張緩和を系統立てて行うことを目指している。

肩を上げて、ストンと落とす

「プログレッシブ・リラクセーション」のような方法は、スタート前のウォーミングアップの中で行うことは可能だが、スタートした後では難しい。

そこで、コースでも簡単にできる応急的リラクセーション法を一つ示したい。プレッシャーは首・肩・背中の上部の緊張となって表れることが多い。そこを緩めるために、「プログレッシブ・リラクセーション」の②の「肩のリラクセーション」の短縮法を行うことが勧められる。短縮法は、肩を上げて緊張した後、意識的に急速に「ストン」という感じで落とすやり方である。この方法は、グリーン上でパットの順番を待っている間でも実行可能である。

安定したプレーのための「プリショットルーチン」をつくろう

ショットを行う前に実行される準備行動で、いつも決まったような手順で繰り返される行動を、「プリショットルーチン」と言う。ゴルフのプレーを安定して行うために、この「プリショットルーチン」が有効であるということが、近年、多くのゴルファーによって認識されるようになってきた。この問題については、筆者は別の本でも詳しく書いているので、本書では要点を述べるに止《とど》めたい。

もう20年も前の話だが、１９８６年の春、筆者はアメリカで、メモリアル・トーナメントを観戦した。現役のうちにジャック・ニクラスを見ておきたい、と思ったからである。２日目から３日間、ニクラスを観察し続けた。彼のティーショットをずっと見ているうちに、同じ準備行動が繰り返されていることに気づいた。

ニクラスの「プリショットルーチン」は最高のイメージづくり

ニクラスは状況を観察し、ショットのイメージをつくるのに時間をかけるほうのプロであった。その準備ができたと思われると、後方からボールに近づき、アドレスをつくる。そしてボールの5ヤードほど先に目線を送り、目をボールに戻す。この目線の動きを4回繰り返す。次に、10～15ヤードほどのところに目線を送ることを、2、3回繰り返す。最後に再び5ヤードのところに目をやる。その直後に、あのアゴを少し右へ引いていく独特の動作で、バックスイングが開始されるのである。

私が非常に興味深いと感じたのは、ここに書いた動作が、どのようなショットの場合も、同じ手順で、同じテンポで繰り返されているということであった。

1986年当時、日本のゴルフ界では「プリショットルーチン」という言葉は、ほとんど使われていなかった。それからしばらく経って、アメリカの「ゴルフマガジン」誌上で、ベルンハルト・ランガーが、その重要性について解説を行っていた。その記事には、ショット前に繰り返される手順は、各選手のクセとして無意識に反射的に行われているものではなく、意図して習慣化させているものであることが示されていた。

プレーを安定させた、丸山茂樹の「意図した準備行動」

1990年代は、イングランドのニック・ファルドが活躍した時代であった。テレビで観戦したファルドの「プリショットルーチン」は、実に安定したものであった。そのメモが手元に残っているので、その手順を書いてみよう。

①ボールのライ（置かれた位置の状況）を観察する。
②ボールの後方5メートルほどのところへ下がり、そこから飛行線の前方を確認する。
③目標が決まると、その場で、そこへボールを運ぶイメージをなぞるように、素振りを行う（この際、ファルドは飛行線に対して、30度ほどオープンに構えて素振りをする。これは、彼がフェードボールを打っていたからであろう）。
④ボールに近づき、構えをつくる。
⑤下半身の安定を確認するように、膝《ひざ》の屈伸を3回行う。その直後にバックスイングを開始する。

驚くべきことに、この手順はティーショットだけではなく、30ヤードほどのアプローチショットの準備行動においても同じであり、全英オープンの大詰めのプレーの中でもぶれることがなかった。たしかに、ランガーが述べたように、意図してつくられた「プリショットルーチン」であった。

日本のプロも、アメリカツアーに参戦した人たちが真似し始めたようで、丸山茂樹などがテンポのよい「プリショットルーチン」を、一定に実行するようになっていった。

1990年代には、準備行動に関する実験研究も現れるようになった。アメリカの心理学者プッチャーとクールは、大学ゴルフ部員の協力を得て、「プリショットルーチン」を一定にすることがスコアに及ぼす効果を確かめている。1シーズンにわたってルーチンを一定にしようと努力した選手たちと、そのような努力をしなかった対象群の選手たちのスコアの進歩が比較された。実験に参加した選手たちのハンディは6〜8であったが、対象群の進歩より平均3ストローク優れていた。

このように「プリショットルーチン」の一定化は、プロたちの経験によっても、コースでの実験によっても、その有効性が確かめられてきた。

4段階の「動作」と「思考」が鍵

一般のゴルファーでも、自分なりの「プリショットルーチン」を工夫して、安定して実行することはよい効果をもたらすに違いない。

どのような「動作」と「思考」をルーチンの中に含めるかは自由でよいが、基本的には、「ボールのライを見る。打つ方向を確かめる。アドレスに入ったら動作のイメージをつくり、ボールをよく見て動作の開始を心に決める」という4段階であろう。

①**（動作）**ボールに近づいて、しゃがんでボールを観察する。その場に立って目標を見る。その後に、クラブを選択する。

（思考） ボールは浮いているか、沈んでいるか。芝は浅いか深いか・乾いているか、湿っているか。距離、ハザード、風の確認と使用クラブの判断。

②**（動作）** ボールの後ろから飛行線を確認する。

（思考） ボールの落とし場所を決める。球筋をイメージする。打ち出していく方向に落ち葉などの補助目標を見つける。

③**（動作）** 深呼吸をして、素振りを1回。その後にボールに近づく。

（思考） スイングのイメージをつくり、素振りでそのイメージをなぞってみる。リズム感をチェックする。

④**（動作）** アドレス動作の開始を、落ち葉などの補助目標に、クラブフェイスを合わせることで始める。スタンスを決め、腰、肩のアラインメント（方向づけ）のチェックをしながらアドレスを完成させる。

（思考） バックスイングの始動のイメージと、振り抜いていくスイング軌道のイメージを持つ。

このような手順の実行は、コースに出て初めてやるのではなく、打球練習場でスムーズに行えるようにしておくことがよいようである。

第2章
心の「雑念」を停止するとっておきの方法

ミスをすぐに忘れられる魔法の言葉

朝一番の連続OB。1番グリーンでの3パット。あるいは、アプローチでシャンクしてトリプルボギー。こんな記憶は、すぐに忘れて2番ホールへ向かいたい。でも、忘れられない。忘れようとすると、かえって、頭の中で失敗の場面を再現したり、気分を落ち込ませたりする。

ストロークプレーが残酷なゲームであると思うのは、この失敗を、18番のホールアウトまで背負わなければならないことである。

岡本綾子の気分切り替え法

「忘れたいけど忘れられない失敗の記憶」からどのように自由になり、残されたホールでのプレーに希望をつなぎ、当面するプレーに集中するかということは、プロにとっても重要な課題であるようだ。

トーナメントの観戦で、知り合いのプロが3パットをした後で、次のティーへの移動のときに「忘れて、忘れて」と声をかけたら、「忘れられりゃいいんだけどね」という応えが返ってきた。

たしかにそうである。忘れようとする努力は、その努力の中に忘れようとする「失敗経験」の想起を含んでいるのである。去って行った恋人を忘れようと、その面影《おもかげ》を抑圧することは、実は、面影を思い出すことを含む、自己矛盾のパラドキシカル（背理的）な行為なのと同じように、3パットの記憶を抑圧しようとする努力は、ミスへのこだわりを強めることがある。

岡本綾子プロの全盛時代の逸話であるが、岡本は、ミスの後で池の鯉やこずえの小鳥に向かって、「私、バカよね。オバカサンよね」といった調子で話しかけることで、気分を転換させていたそうである。

イライラしたら、全く違う意味のことわざをつぶやけ

近年、心理学の中でも、「いやな記憶を断ち切る方法」が、科学的に研究され始めている。東京大学大学院の木村晴が、2004年の「教育心理学研究」誌52号に発表した「望まない思考の抑圧と代替思考の効果」という論文は、ゴルファーがすぐに応用できそうな実験結果を紹介している。

木村の実験の結果を簡単に紹介すると、失敗経験の記憶を抑圧しようとする努力はムダ、あるいは逆に悪影響を及ぼすというものである。

お勧めできる対処法は、『失敗は成功のもと』といったことわざのようなものをつぶやくこ

とであるという。

このつぶやくことわざは、自分を落ち込ませる原因となっている出来事に対して、ポジティブなものであることが望ましいようである。このように、出来事から注意を逸らす対処方略を、木村は「代替思考」と呼んでいる。

この実験の手続きを振り返ってみると、ゴルフの状況にもよく当てはまることが分かる。まず、被験者（大学生）は、「最近経験した、あなたをイライラさせた他者の行為」について簡単に書き出すことが求められる。その後、被験者は無作為に4群に分けられる。

第1群は、「3分間、何もせずに座っていてください。今、書き出したことは絶対に考えないように努力してください」と言い渡される。

第2群は、関係ないことを考える群であって、「イライラした行為を思い出したら『白ねずみ』を考えてください」と言われる。

第3群は、代替思考群であって、この実験では『旅は道づれ世は情け』ということわざが選ばれ、イライラした他者の行為を思い出したら、このことわざに注意を向けるように指示された。

第4群は、統制群であって、「3分間、何もせずに静かに座っている」だけの群であった。

3分後に、イライラした経験の思考が頭の中に侵入してきた程度や、抑圧しようとした努力の程度が調べられた。

その結果、第1群の「思考抑圧群」が圧倒的に「イライラ経験」を思い出していた。ことわざを用いた第3群の「代替思考群」と第4群の「統制群」は、「イライラ経験」を思い出すことが少なかった。

この実験結果は、不愉快な同伴競技者とプレーするときの状況に、とてもよく当てはまるだろう。

スロープレーヤーと組まされたときや、月例競技などで不調なプレーヤーがいたりしたときには、イライラして自分のプレーを乱してしまうことがある。そのようなときには『旅は道づれ世は情け』はまさにぴったりだと思う。ゴルファーとして、紳士的で寛容な態度を保つ役にも立ちそうである。

全く別のことをつぶやき、悪魔の「雑念」を振り払え！

ゴルフで雑念にとらわれないためには、雑念を抑え込もうとするよりは、それに代わる考えを頭の中で、あるいは心の中でつぶやくほうが効果的である。このような考えを「代替思考」と呼ぶことは前項に書いた。

名言集も上級ゴルファーの能力

このような「代替思考」に使用できるような「ことわざ」や「名言」を、上級ゴルファーはたくさん持っている。朝一番で失敗したときに、「あー、今日もだめだ」と考えるよりは、「まだ17ホールズ残っている」とか、ライの悪い場所にボールが止まったときに、「ゴルフには、不運も幸運もある」というような思考を即座にできることが、上級ゴルファーの能力の一つであるようだ。

トリプルボギーを出したとき、「自分のハンディを考えれば、1オーバーだ」と考える。

ライバルが絶好調のときに、相手が崩れることを期待するのではなく、「ゴルフの相手はコースのパーだ」と自分に言い聞かせる。

このような「代替思考」は、実際のゲームの場面では、なかなか反射的に出てこない。上級者は長い失敗の経験を通して「自分の代替思考」を行っている。一般のゴルファーは、名選手の伝記などを読むことによって、さまざまな状況で、自分に合った「言葉」を発見することができるだろう。ゴルフについての教養が、ピンチを救ってくれる場合もあるようだ。

この「代替思考」の見事な例で思い起こすのは、青木功と同時代のアメリカのプロ、レイ・フロイドの言葉である。この言葉は他の場所でも書いたが、再度紹介させていただきたい。フロイドのデビューした時代には、パーマー、プレーヤー、ニクラスなどが活躍していた。フロイドはそのようなビッグスターの中に入って気後れして、「俺のようなゴルファーが来るところではないのではないか」と反射的に考えて緊張した。

そこで彼は自分に言い聞かせた。

「自分は強くなって、今年は好調だ。だから、ここにいるのだ」と。

青木功の口癖「しゃんめー」

緊張状態や不快な状態で、自然に頭に浮かんでくる考え（思考）を、心理学では「自動思考」と呼んでいる。朝一番のティーでチョロを打ったとき、「仲間に軽蔑される」と考える人もいれば、「今日も110を切れない」と考える人もいれば、自分に腹を立てて、自分を受け入れられなくなってしまう人もいる。それぞれの「自動思考」に対して「代替思考」を考えることができる。

「仲間に軽蔑される」と考えた人は、「みんなだって、自分のプレーに精一杯で、他人のミスなんか覚えていないよ」と、頭の中に思い浮かべるだけではなく、つぶやいてみることができる。

「今日も110を切れない」と考えた人は、「朝一番だ、ダブルボギーまで抑えよう」とつぶやくこともできよう。

ミスの結果、自罰的になる人は少し難しいかもしれない。「自分を許そう」「これも実力のうち」「悪いときも、いいときもあるよ」「終わったことを考えても、しょうがない」などの「代替思考」が効果的である場合もある。

青木功プロの若いときの口癖だった「しゃんめー（仕方がないだろう）」は、自分を罰しない「代替思考」の傑作だったのではないだろうか。

自分の「思考パターン」をよく知る

不快な状態で起こってくる「自動思考」は、合理的な思考ではないことが多く、行動の混乱の原因にもなる。

朝一番のチョロが原因で、110を切れないわけではないし、ゴルフのミスで人を軽蔑するようなことは、実際にはほとんど起こらない。ズルやスロープレーやルール・エチケット違反のほうが軽蔑の原因となるのに、そのほうは注意せず、人前でのショットやスコアだけに神経質になるのは、本当は「非合理的思考」である。

「完璧なショット」というものがあるかどうか分からないが、アマチュアの身分で完璧なショットでないと自分を許せないというのも、非合理的思考である。

さて、この非合理的な自動思考を振り返ってみれば、それぞれの人は、自分の自動思考に一定のタイプがあることに気づかれると思う。他人からどう評価されるかを心配する「自己意識の強い」タイプ、完璧なプレーを求める「完全主義」のタイプ、「失敗を道具のせいにする」タイプ、「キャディーの言動が気になる」タイプ、などなどさまざまである。

普段から自分の自動思考がどのようなタイプかを反省して記憶するか、メモをしておくと、不快な状況や緊張した事態に、合理的な代替思考を使用することができる。

会社で「部長がお呼びです」と言われたとき、反射的に起こる自動思考はなんですか？　深呼吸して考え直してみましょう。池越えのパー3でも深呼吸してください。

ミスをナイスショットで取り返そうとするな

ティーショットが、右の深いラフに飛び込んだとしよう。

反射的に起こる感情は、愉快なものではない。悲しい、憂うつ、残念、腹立たしいなど、スポーツではネガティブな感情がわき上がってくる。そして、それらの感情と一緒に、「失敗した記憶」が呼び起こされてくる。

失敗の記憶には、次のようなものがあるだろう。

ラフから打ったスプーンの1打は、さらにスライスして再びラフに飛び込み、バンカー越えのアプローチを残した。安全にフェアウェーに出しておこうと、サンドウェッジで打ったら、ボールがラフの中で浮いていたので、クラブヘッドはボールの下を通り抜けて、ボールは30センチ進んだだけだった。上級者なら、アイアンで打ったボールがフライヤーになって、グリーンをオーバーした記憶がよみがえってくることもあるだろう。

失敗の記憶がさらに失敗を呼び起こす

このような記憶が呼び起こされて、不快感と緊張が高まると、再び同じような失敗をするのではないか、という懸念も高まってくる。先に述べたネガティブな「自動思考」である。このような自動思考のもとでは、運動行動もぎこちないものになり、力を入れすぎたり、逆に、身体のどこかの部位の力が抜けたりする。また、冷静な判断力が妨げられることもある。

不愉快な気分が生じているときに、不愉快な記憶が呼び起こされ、その記憶に基づいてなされる考えや行動は、結果的には失敗しやすい。その失敗を取り戻そうとして、焦《あせ》り、さらに失敗を積み重ねることで、気分はますます落ち込み、自信を失っていく。

このような悪循環を、精神医学の高橋良斉は「気分のデフレ・スパイラル」と呼んでいる。高橋はこのような気分のメカニズムを、「ストレスに負けてしまう現代人の心のメカニズム」として考えたが、ゴルフのゲームにも当てはまる心理的メカニズムであろう。

高橋の言う「気分のデフレ・スパイラル」のようなケースを、2006年の「マンシングウェア・オープン」の最終日の宮里聖志《きよし》のプレーに見たような気がした。

前日までの成績では宮里がトップだった。最終日の15番でバーディーを取り、1打差で再びトップに立った。そして16番の445ヤード、宮里は第2打をグリーン右手前のラフに外した。ピンまで30ヤード、ピンの位置はグリーン中央、難しいアプローチではない。だが、ラフからの第3打はグリーンにようやく届いただけの、力のないショットであった。距離の目測の誤りではない、単なるビビリである。

宮里は、そこでスリーパットをし、ダブルボギーとなった。おまけに、17番の216ヤード、パー3のティーショットを右に外して、ダブルボギーを重ねることになった。先にホールアウトして待っていた武藤俊憲が、14アンダーで勝つことになった。

不快な気分とショットの狂いの悪循環

宮里の「気分のデフレ・スパイラル」は、16番の第2打から始まっていたようである。試合後のインタビューで、彼は次のように語っていた。

「第2打は、乗せなければいけない、というプレッシャーがあった。第3打は、気持ちはピンに突っ込んで行ったのだが、身体のどこかが行きすぎを恐れて緩んだ」

そして、スリーパット、ミスショットへとつながっていったのである。

不快な気分と動作の狂いの悪循環を防止する方法は、いくつかあるだろう。失敗はすでに生起したこととして受け入れてしまうのも一つの方法である。失敗は誰にでもあるし、過ぎてしまったことは後戻りできないと割り切ることである。あるいは、宮里のケースで言えば、第3打でリカバリーする際に、100%を狙わない考え方である。グリーンに乗せておけば、それでよいと考えることである。

彼のコメントから推察すると、第3打で寄せワンを狙ったが、ラフからのボールは、ブレーキがかからずにピンをオーバーして、難しい返しのパットを残す恐怖をうすうすは感じていた。でも、1ストロークを落としたくない気持ちが打ち勝って、強いアプローチを実行しようとした。最後の瞬間に、下意識と身体が反逆し、力を抜いてしまったのであろう。

さらに、悪循環に陥らない方策の可能性を考えると、失敗のすぐ後にリカバリーしなければならない必然性はあるのか、リカバリーが可能なチャンスを待つほうが得策ではないか、あと2ホール残っているではないか、というように冷静に考えることもできたであろう。

ニクラスは、トラブルショットのときには、「心を落ち着けて、最低3つの可能な選択肢を考えよ」と書いていた。宮里はまだ1勝の経験しかない。勝ちを目前にして、早く勝ちを確かなものにしたい、という焦りがあったように思われる。野球でいうならば、9回裏に勝ち急いで、結果は打たれた投手みたいだ、と言ったら酷だろうか。

ミスの挽回は、可能性のあるチャンスまで待て

宮里プロのミスの原因は、推測の域を出ないことはいうまでもないが、ミスをして動揺すると、すぐにそのミスを取り戻そうとするのが、人の一般的な習性であり、その行動も十分に思慮されないものである場合が多い。

林に入ったボールを、なお、がんばってグリーンに近づけようと無理し、狭い合間を狙い、

キンコンカンを繰り返すケースは、「気分のデフレ・スパイラル」の一つのケースである。林からうまく出せても、フェアウェーの幅を考慮しなかったために、反対側のラフに打ち込んでしまう場合もある。そこから打ったボールがまたラフに入り、グリーンまで一度もフェアウェーを使わない場合も（私は）よくあった。

林の中から、次打でグリーンを狙いやすいフェアウェーの場所を狙って、しかも安全に打ち出し、挽回するのは、その可能性のあるチャンスが巡ってくるまで待つ、というような余裕のある態度でプレーできるようになりたいものである。

気合よりも、ショットを積極的にリードする「セルフトーク」

ゴルフの動作の遂行にプラスにならない思考、つまり雑念は、ゴルファーの意図とは関係なく、自動的に頭の中を占拠してしまう。そのような考えから心を自由にして行動したいと思い、われわれはさまざまな工夫を試みる。単に抑えつけようとしたり、心の中から追い出そうとする試みは、効果がないばかりか逆効果さえあることが分かってきた。

禅の老師に言わせれば、雑念を抑えようとする思いもこれまた雑念、ということだろう。このような心のメカニズムは実験的にも確かめられ、雑念に対処するための代替思考の活用や、自動思考に対する合理的思考の置き換えなどが提案されてきた。

ポジティブ・シンキングがプレーの質を高める

このような心理技法と関係する方法として、「ポジティブ・シンキング＝積極的思考」がスポーツの世界では広く行われてきた。

試合前のインタビューで、闘志をむき出しにして「絶対に自分が勝つ」と明言するボクサーや、グラウンドに出て行く前に、ロッカールームで「勝つぞ」と気合を入れるラグビーチームなどは、単純で素朴だが、強力な積極的思考の方法を実行している、と見ることができる。

ゴルフなどでは、積極的思考の技法はかなり洗練されてきている。「勝つ」という結果を考えるよりは、勝利にいたるまでのプレーの内容を、積極的思考によって、よいものにしていこうとする考えである。たとえば、パットを萎縮しないで、しっかり打っていこうというように、プレーの質を積極的思考によって高めようとする。

積極的思考をメンタル・スキル技法として実施するときには、積極的思考の内容を言葉にして、自分に言い聞かせる方法が使われる。この自分への語り掛けを「セルフトーク」と言う。

このパットをしっかり打つ

たとえば、3メートルのパットに臨んで発せられる「セルフトーク」には、「これを入れなければならない」とか、「絶対入れるぞ」とか、「入ってくれたらいいな」とか、「これは入る」など、さまざまな言い方があるだろう。

このような言葉を分析してみると、「何々しなければならない」というような、義務あるいは自分への命令を表す言葉であったり、「何々であったらいいな」というような、願望の言葉であったり、「何々することができる」といった、自己暗示の言葉であったりする。

スポーツの緊張した状況で、最も頻繁に発せられるセルフトークのタイプは、義務や命令を表している。英語で言うと（must）が入る文章である。スポーツ心理学の多くの研究では、この言葉遣いはかえって自分にプレッシャーをかけることになるので、セルフトークは単純な肯定文のほうがよいとされている。「このパットをしっかり打つ」とか「カップの右から入れる」というような言葉遣いがよいと考えられている。

ネガティブなセルフトークは、運動の実行にマイナスの影響を与えることが、多くの研究によって確かめられている。「このパットは入る気がしない」「このラインは苦手だな」「今日はパットの調子が悪い」などのような、ネガティブなセルフトークは、マイナスの影響を持つようである。

言葉の種類によってショットへの効果が全く違う

異なるタイプのセルフトークが、アプローチショットに及ぼす影響を調べた実験研究が、2004年にハーヴェイという研究者らによって発表されている。研究者は予備調査として、ゴルフ経験1年から8年のゴルファー8名から、彼らが使用したことのあるセルフトークを84集めた。

収集された言葉は、3つのタイプに分類された。それらは、「ポジティブな言葉＝たとえば、『このアプローチは易《やさ》しい』」

「ネガティブな言葉＝たとえば、『今日は調子が悪い』」

「教示的な言葉＝たとえば、『スムーズにストロークする』」などである。

予備実験の後の本実験では、80名のゴルファーが、ピッチングウェッジでの45メートルのショットを30回行った。参加者は、ショット前に行うセルフトークの種類によって4群に分けられ、すでに収集されているセルフトークの中から、自分の感覚に合った言葉を選び出した。

4つの群は、「統制群＝セルフトークなし」「ポジティブ・セルフトーク群」「教示的セルフトーク群」「ネガティブ・セルフトーク群」であった。参加者は、各ショットの前に必ずセルフトークを行うことが要求された。

ウェッジショットの結果は、「正確性」と「安定性」の2つの面から評価された。「正確性」は、ホールからのずれの距離の30ショットの合計で表された。「安定性」は、そのずれのばらつきが標準偏差で表された。

この実験のデータは、次のことを示した。
①正確性に関して言うと、セルフトークのタイプの違う4つの群には差は見られなかった。②安定性に関して言うと、これから実行しようとする動作の留意点を自分に言い聞かせるような「教示的セルフトーク」を行った群が最も優れていた。「ネガティブ・セルフトーク群」「統制群」は安定性が劣っていた。③たくさんの種類のセルフトークを行っているものは、正確性

でも安定性でも劣っている傾向が見られた。

教示的セルフトークが効果的

このような結果から考えると、ショット前につぶやく言葉は、これから実行すべき動作をリードするようなものが、効果があるようである。自分に自信がないときにでも、無理して自分に「できる」「やれる」「勝てる」と言うようなポジティブ・セルフトークは、妨害刺激になったり、集中を損なう場合もあるようだ。

テオドラキスという研究者による、2000年に発表された研究では、サッカーやバドミントンの場合でも、「ポジティブ・セルフトーク」よりも「教示的セルフトーク」が、効果があることを示している。

集中力の妨害には「ルーチン化した準備行動」で対処せよ

熟練したゴルファーは、状況や自分の心理状態によって変化することの少ない、安定したスイングを実行している。その動作はかなり自動化しており、集中力をあまり必要としていないように見える。

それでも、注意力を要求する事態が起こると、自動化しているはずの動作も混乱することがある。パッティングの準備が整いかけた頃に、同伴競技者の影が動きそうな気配がしただけでも、パッティングへの集中力は失われてしまう。

注意力のエネルギーとワーキングメモリーの限界

このような現象は、近年の神経心理学では、次のように説明されている。

注意力を「一つのエネルギー」と見ると、「一定時間内に利用可能なエネルギー資源には限界がある」ので、他に気になることがあると、パッティング動作に供給されていた注意のエネルギーの一部が、その気になる対象に向けられてしまい、少ない量の注意力でパッティングを遂行することになるというのである。このような状況は「二重課題状態」と呼ばれている。

もう一つの説明は、「脳の情報処理の理論」からの説明である。

パッティングの状況判断を行い、過去に蓄積された記憶の中から、その状況に適応できる動作を検索して選び出し、その動作が実行できるように、さまざまな筋肉への「命令書」が準備される。このような情報処理の作業は、「短期記憶」である「ワーキングメモリー（作動記憶）」の記憶装置の中で行われる、と考えられている。

最近のヒトの脳の働きを画像でとらえるＰＥＴ（陽電子放出断層撮影法）による研究は、このような脳の働きをする部位を確認しつつある。問題は、コンピュータとの類比で言うなら、ワーキングメモリーの記憶容量は無限ではなく、限界があり、「雑念」がその記憶容量を大量に使ってしまうと、パッティングのための情報処理には、十分な記憶容量が充当されなくなるということである。

「ワーキングメモリー」の働きは、そば屋に電話で出前を頼むとき、電話番号帳を見て、一時的に暗記し（短期記憶に入れ）、電話をかけ終われば忘れてしまう、というような記憶である。しかし、複雑な注文の内容も覚えておかなければならない場合には、電話番号の打ち込みを間違えてしまったりする。

パッティングでも似たような「雑念」の干渉が起こる。パッティングのイメージもまとまり、準備態勢が整いつつあるときに、これが入ると30台だな、などとふと思ったためにミスをするようなことがあるのは、この原理のためである。

心の乱れとパッティングの精度

このような「情報処理システムの乱れ」による、パッティングへの影響を、実験的に確かめた研究がある。1998年にセントアンドリュース大学での「第3回世界ゴルフ科学会議」で、アリゾナ州立大学のアンソニーという研究者によって発表されたものだ。

20名のハイレベルの男子ゴルファー（オフィシャル・ハンディキャップ0～8）が「二重課題実験」に参加した。主課題は、20回のパッティングを、24、20、16、12フィートの距離から、順不同に、各距離5回で行うことであった（1フィート：約30センチ）。

副課題は、主課題と同時並行的に行われる、パッティングとは関係ない「妨害課題」である。

それには2つあり、一つは「弁別反応時間」。指定された音が聞こえたら、グリップにつけられた小さなボタンを押すことであった。これは、いわゆる「ひっかけ実験」が含まれており、実際に音刺激は出されなかった。ボタンを押せば、いかに小さなボタンでも手がぶれてしまうからである。実際に音を出したときのデータは、分析の対象からは外された。主課題以外の対象に注意が逸らされることの、動作への影響を調べるために、ゴルファーが「音が鳴るかもしれない」と注意を音に向けた結果が調べられたわけである。

もう一つの副課題は「数字の記憶」。実験の参加者は、パッティングに先立って、８桁の数字を聞かされ、パッティング終了後に、その数字を想起することが求められた。

このような実験の結果、「弁別反応時間」も「数字の記憶」もともに、パッティングの成績にマイナスの影響をもたらした。統計学的分析によれば、「弁別反応時間」は「数字の記憶」よりも、パッティングに妨害的な影響をおよぼしていた。「いつ、音がするかもしれない」という「不確定な脅威への懸念」が、集中力を大きく妨げる結果になったようである。

５万人の観客の中で平常心を保つ

この実験の結果を読んで、連想することがあった。タイガー・ウッズについて、先輩プロが語った言葉である。ご存知のように、タイガーは、ちょうど10年前、１９９６年８月にプロに転向した。そして１年と経たない１９９７年の６月には、マスターズで劇的な優勝を遂げ、ニクラスをしのぐかもしれない将来を期待された。その時期、タイガーの将来を予想する、さまざまなゴルフ関係者のコメントが報じられた。そのようなコメントの一つに、１９９２年の全米オープン・チャンピオン、トム・カイトが語った言葉がある。

「プロが試合をするのは、マスターズのような、行儀のよいギャラリーに恵まれたコースばかりではない。いつ、どこで物音がするか分からない、いつ、どこで人が動くか分からない状況で、集中することをプロは要求される。アマチュアの世界でプレーしてきたタイガーが、集中力を身につけるのは、これからの課題である」

たしかに、アメリカで人気のあるトーナメントは、観客数が4万人とか5万人になることもある（日本では1万5000人も入れば大成功）。試合を見ないで、コースの緑陰でのピクニックや散歩を楽しむ人たちも大勢いる。いつ、どこで物音がしても、不思議ではない。

一球入魂のための準備行動

このような状況で、注意力を自分の当面する運動課題に向け続ける、つまり、野球で言えば「一球入魂」の状態をつくりだす方法の一つが、近年、多くのプロたちに支持されている。

その方法は「準備行動のルーチン」に注意を集中することである。「準備行動のルーチン」は、ゴルフの世界では「プリショットルーチン」あるいは単に「ルーチン」と呼ばれている。これは、ショットの準備動作を「一定の手順で、同じテンポで実行すること」である。

人の注意は、新奇性のある「これはなんだ？」というような刺激に奪われやすい。そこで、注意を向けるべき課題、つまりグリップのチェック、方向やハザードなどの確認、スタンスの決め方などを、あらかじめ決めておき、注意をそれらの課題に縛りつけておく方策が考案されてきたのである。

一度にできるのは一つのスイングだけである

30年以上にわたる、自分のゴルフ歴を振り返って反省することは、実にたくさんある。

その一つは、「スイングのイメージ」を明確にしないままにアドレスに入り、「確信」のないままにスイングを開始していたことである。こんなことを反省事項としてあげるのは、生意気だと言われるかもしれない。

プロでもスイング・イメージに、確信の持てない日もあるだろう。上級者でも、スイングのあらゆる部分に、はっきりとしたイメージを持ってプレーしているわけではない。

往年のアマチュアの名手、中部銀次郎氏は、「ロングアイアンのダウンスイングのとき、右ひじのイメージがうまく描けず、かなりの練習をした」と書いていたことがあった。

「今、ここで」のスイング・イメージを限定する

運動のイメージには、100%のイメージというものはない。つまり、運動のすべての局面に、意識できるイメージが張り付いているわけではなく、いくつかの重要なポイントのイメージが意識されるだけである。そのようなポイントのイメージを手がかりにして、われわれは運

動を行っている。

ゴルフのスイングで言えば、バックスイングの始動、トップでの切り返し、インパクトからフォローへかけての踏ん張りなど、いくつかのポイントのイメージを手がかりにして、スイング全体の運動を実行している。そのために、プロであっても、スイングのすべての局面に、確固としたイメージを持って実行しているわけではない。

ベン・ホーガンが言うように、「トップができたら、あとはボールをしっかり打つ」という意識だけになるのである。ゲーリー・プレーヤーも、「バックスイングの最初の30センチがうまく引けたら、あとは打つことだけしか考えない」と書いていた。

私の反省しているイメージの不明確さは、このようなハイレベルのゴルファーのイメージの「欠如」とは次元の違うものである。自分のゴルフのキャリアの中で、忘れられないミスショットは数え切れないほどある。

そのようなミスを振り返って思い起こすことは、イメージが不足したための不明確さではなく、たくさんのイメージを持ちすぎて、かえって「今、ここで」実行すべき運動のイメージが不明確になったようである。実行できるイメージは一つだけなので、他のイメージは「雑念」のように、行動の邪魔をしたのだろう。

突然の乱れは「余計なスイング」の侵入

ボールに対して構えをつくった後でも、いくつかの考えが頭の中をかすめていく。「クラブヘッドをまっすぐに」「低く長く」「左肩は落とすのではなく回す」「右膝がスウェーしないように」「フォローでは両手を目標に投げ出す」などなど。

練習場へ出かけるときの心構え、あるいは練習の目当てならこれでもいいのだろうが、コースの本番では、悲劇的な結果になることが多い。

このように書いていて、私は自分の過去の失敗を思い出している。頭が思い出しているだけではなく、身体も思い出しているようで、ムズムズしてくる。

「低く長く」バックスイングを行おうとして、肩が回らずスウェーし、結果は10センチもダフッてしまったことがあった。荒川の河川敷の、ヘドロのつまったフェアウェーに、ほこりが舞い上がったのを今でも記憶している。パー5の第2打で、グリーンを狙おうとし、スプーンのナイスショットを期待したのであった。そこで突然、「しっかりバックスイングを取らなければ」という考えが割り込んできたのである。

いつもとは違う余分なイメージは、それまでのまずまずのスイングのイメージを、不明確なものにしたのである。好調にプレーが進行しているときの、突然の乱れの原因の一つには、このような余分なイメージの侵入があるようだ。

刻むイメージにこだわったタイガー・ウッズ

アベレージゴルファーのイメージの不鮮明さは、自らが余計なことを考えて、自分の持っているイメージを混乱させることにも原因がある。スイング全体の流れのイメージにそぐわないイメージの場合には、妨害的な影響を与える。このようなイメージの混乱を防ぐ方法は、レッスン書やゴルフの心理学の本の中にもいくつか書かれている。

一つの方法は、スタート前の練習で、「その日は、どこに、どのようなイメージを持ったときに、よいショットが出やすいか」を試しておくことである。そこで見つけた「よいイメージの手がかり」にできるだけ固執し、ラウンドすること。上級者が実行しているやり方のようである。突然思いついたようなイメージを挿入したり、新しいイメージと古いイメージを足して2で割ったようなイメージは、とても危険である。一度にできるスイングは一つなのである。

2000年のセントアンドリュースで、ジ・オープンに勝った（19アンダー）タイガー・ウッズは、最終日、すでに2位アーニー・エルスに対して8打差という大差にもかかわらず、オールド・コースを刻んでいく、というイメージを変えなかった。アイアンでティーショットを打ち続けた。並みのゴルファーなら、ドライバーを振り回したい誘惑に負けていたかもしれない。この年は、バンカーの数を増やし、その難しさを高めたが、ウッズは一度もバンカーに落とさなかった。

1打の迷いを振り切ってくれる名キャディー

「お客さん、右の林の中、OBです」

「左はバンカーです」

最近は、乗用カートのセルフプレーが多くなったので、あまり聞かなくなったキャディーの注意である。「そう言われると、余計にそっちへいってしまう」とぼやくゴルファーもいた。「言われなくたって、見えているじゃないか」と少し憤慨《ふんがい》するゴルファーもいた。「キャディーさん、危険な場所ではなくて、狙っていくべき方向を言ってくれないか」とまっとうな抗議をするゴルファーもいた。

そんなとき、キャディーは弱々しい声でこう抗弁したものだった。

「OBの場所は見えていても言わないでいると、OBを打ったお客さんに『なんで教えてくれなかったんだ』って叱られるんです」

こんなお客は例外としても、ティーで少し待たされ、その間にキャディーからOBラインや危険箇所の説明を丁寧に受けると、どうもミスショットが出やすいような気がする。この傾向は私個人だけでなく、中級までのゴルファーの一般的な傾向のようである。OBの方向へは打ちたくない、という意識は強いが、どこに打つべきか、という意識にあいまいさが残るのが、ミスの原因であると説明されている。

ミスは矛盾する意識の葛藤から

この「なになにしてはいけない」という意識が、「なになにすべきである」という意識と拮《きっ》抗《こう》しケンカを始めると、行動は混乱してしまう。このような「矛盾する意識の葛藤」が原因となっているミスはたくさんある。

バンカー越えのショートアプローチで打ち切れずに、バンカーに落としてしまうケースなどは典型的な例である。本当にしびれてしまう状況だが、あれはバンカー越えギリギリに落とし、転がして、ワンパット以内でピンに寄せる、という固定観念による呪縛でもあるだろう。ボールの止まる場所は、ピンの向こう側でよいと決断し、そのように目標意識を持てば、気分はずいぶん楽になるものである。

パー5ホールの第2打でグリーンを狙うか、安全に刻むか、という場面も葛藤を引き起こしやすい。スプーンで打てばグリーンに届く可能性もあるが、OBになる可能性もある。短いクラブで打てば安全だが、第3打の距離を残すことになる。このような状況で、安全を選んだとき、5番アイアンにまで落とせる人は上手な人である。安全を選んだにもかかわらず徹底できず、まだ距離への執着を捨てきれず、3番アイアンを使うような戦略はとても危険である。

正しい決断を下すグリーン上の守護神

ゴルファーが陥りやすい迷いに対して助言を与え、ゴルファーに明確な目標意識を持たせるのは、実は、キャディーの重要な役目である。プロのトーナメントでは、グリーン上でプレーヤーとキャディーのそのような協力の場面を見ることができる。フェアウェーでもそのような会話が交わされているはずである。ここでは、私個人の経験を紹介することをお許しいただきたい。

ホールは、セントアンドリュース17番461ヤード、パー4（ややキザかもしれませんが、大学の関係でときどき行っていました。それに皆さんが知っている、ホテルの倉庫の上を打っていくホールなので、ここでの話をします。1998年のことです）。

長いパー4である。おまけにグリーン左には1978年、ジ・オープンの3日目でトップに立とうとした、中嶋常幸の夢を打ち砕いたバンカーが待ち構えている。私はこのホールだけはパーが取れないでいた。多分、6回目のラウンドだったが、スプーンで打ったティーショットはフェアウェーの左、200ヤード以上を残していた（リンクスは乾燥しているとすごく転がります）。

「再度、スプーンでグリーンに近づけて寄せワンを狙うか、刻むか、刻むとすれば何番で」と考えた。そのときである。キャディーが近づき、黙って6番を差し出した。私はキャディーの言わんとすることが分かった。

「バンカーのラインから離れよ。十分に右側から攻めよ。第3打でランが出てもよい方向から攻めよ。ボギーで押さえよ。運がよければパーだ」

それで、私の目標意識ははっきりした。6番でドロー気味のボールをうんと右に打ち出した。第3打は9番のフルショットが残った。そしてワンパットが決まった。あのキャディーの暗黙の助言、確信に満ちた6番の差し出しは、不思議なほど私の気持ちを安定させ、集中させた。私のゴルフ人生の思い出に残るパーであった。

もちろん、私はキャディーにビール代を渡した。セントアンドリュースのキャディーは、ワンバッグを担いでついてくるプロである。キャディーフィーもかなり高いが、それだけのことはあった。

プレーヤーの頭の中で交錯するイメージを整理して、決断を下すプロセスでは、キャディーの果たす役目は大変に大きい、と実感した。

ボールの着地点に集中する

プロゴルファーや、ゴルフの心理学者の多くが指摘する上級者と初心者の違いに、「注意の向け方の違い」がある。

上級者の注意の向け方は、目標を狭く絞っている。それに対して、初心者の注意は、スイングのメカニズムや、力を入れて打つこと、そして池、立ち木、ブッシュやバンカーなどのハザードなどなど、多面的に広がっている。もう一つの違いは、上級者の注意が、これから実行しようとすることに向けられるのに対して、初心者の注意は、避けようとすることに向けられる。

上級者ほど1打の目標意識を絞り込む

ショットの準備段階で、上級者は「これから打とうとするボールの着地点」に注意を向けるが、初心者は「入れてはいけない池やブッシュ」に注意を向ける。

眼の焦点の場所を調べるアイカメラを使い、グリーンの方向を向いているときの、プロとアマチュアのゴルファーの注意の向け方の違いを調べたことがある。プロの眼の焦点は、「グリーン面上のボールの落としどころ」に置かれていたのに対して、アマチュアの眼の焦点は、

「グリーン面だけではなく、バンカーやマウンドの斜面の下のラフなど」をさまよっていた。そして、目線を着地点に落ち着かせる時間を十分にとらないで、スイングを開始していた。

このような、上級者と初心者の「注意の向け方の違い」を分析すると、初心者は目標が漠然としたままスイングをしているだけではなく、回避的な意識でスイングを始めている。回避的な意識というのは「何かをしないように」という意識であって、「何かをしよう」とする意識や動機ではない。

現実には「安全なところへボールを打とう」という意識がなくなってしまっているわけではない。しかし、その目的意識は、回避的意識によって曇らされてしまっている。特に、回避的意識が不安や恐怖などの情動を伴うときには、目標を指向する意識は、ほとんど意識されないまでに弱められてしまうこともある。

ゴルファーであり神経心理学者のピロゾロは、「目標に集中するための方略として、アーチェリーの的のイメージを使う方法」を提案している。ボールを打つ方向を定めたら、数メートル先にアーチェリーの大きな的をイメージし、その的を数秒間見つめ、その中心にボールを打ち込んでいくようにすると、プロのように目標意識のはっきりしたショットができる、というのである。この方法は、ボウリングでピンを直接狙わずに、レーン上につけられたスパットに狙いをつけ、投球するのに似た集中法である。

正しい状況判断のための素振りとナイスショットの関係

プロゴルファーがショットの準備行動の中で、どのようにして目標意識を高めていくかをインタビューしたことがある。全員が必ず行うことは、「状況判断」である。そして、「与えられた状況で、どのようなショットを、どこに打っていくか」の判断と意思決定が行われる。判断の過程では、あれかこれかという、いくつかの選択肢が頭の中に存在しているが、ある時点で一つの行動に決断が下される。この決断の時点は、素振りと関係があるようである。

ボールの後方に立って状況判断し、打つべきボールを決める。素振りは、意図するボールを打つ動作を確認するように行われる。スライスを打つつもりなら、いくぶんオープンに構えて振ってみる、といった具合である。それでよいフィーリングを感じられたなら、準備完了である。その動きを再現しようとすればよいのである。だめなら、もう一度、仕切り直しである。

アメリカのプロゴルファーで、心理学の博士号を持っているゲーリー・ワイレンが、20年も昔に書いていたことであるが、「状況判断の過程では、左脳の分析的・理論的機能が働いているが、ショットの実行の時点では、統合的・直感的な右脳が働いていなければならない」。このような理論を考慮すると、プロたちのショット直前の素振りは、左脳から右脳への切り替えのきっかけをつくっているように考えられる。

あいまいなスイングの失敗

このような切り替えに失敗したゴルファーの陥る行動には、2つのタイプがある。一つは、アドレスに入ってからも分析的・理論的思考が続き、「このグリーンはオーバーしたら、返しが難しいのではないか」などと考え始めて、動作を開始できなくなってしまうタイプであり、スロープレーの原因でもある。

もう一つのタイプは、「あれかこれか」の迷いが吹っ切れぬままに、あいまいなスイングをしてしまう失敗である。パー3のティーで「クラブが大きいのではないか」と感じながら、「しっかりボールを捕まえなければならない」「でもオーバーしてはいけないから、そっと打たなくちゃ」とあい矛盾した考えにとらわれるような場合である。

トッププロでも、「しっかりと方向づけられた目標意識は、プレーの集中のために重要」と考えているようである。ニック・プライスは「集中のために不可欠なことは、心が完全に、疑いなく目標を指向していることだ」と述べている。雑多な考えを整理して、一つのイメージに絞っていくことは、上級者ほど大切なようである。

第3章 ゾーンの中でプレーする

ゾーンとはピーク・パフォーマンスを生み出す精神状態

ゴルフを3年くらい熱心にやって、たまにはハーフだけでも、30台でプレーしたことがある人なら、自分の思惑を超えて、身体が勝手に素晴らしいプレーをしていく経験をしたことがあるだろう。

「ショットもパットも素晴らしく、それでいて、スイングに特別な工夫をしているわけでなく、身体の動きに任せている。気持ちはリラックスしていて、不安や心配がない。ショットやパットに臨むときには、その結果はよいものになるという予感を持っている」

さらに、そのような状態でプレーしているときには、結果となるスコアのことなど考えていない。現在のプレーに集中していて、後になってから、素晴らしいプレーをしたのだ、という実感が心の底から湧き上がってくる。

1ラウンド59の無意識

このような「達成」の状態を、スポーツ関係者は「ピーク・パフォーマンス」（絶頂達成）と呼んでいる。1ラウンド59という新記録を、1977年の「メンフィス・クラッシック」で出したアル・ガイバーガーは、「その瞬間、自分が何をやったのか、よく分からなかった。プレスルームに入っていって、皆さんの拍手を受けたとき、ようやく自分のやったことの重大さが分かってきた。そして、騒ぎが去った後で、自分の達成したことを噛《か》みしめることができた」と語っている。

ガイバーガーは、この偉大な達成の過程において、そのことを意識していないのである。もし、ラウンドの後半で「60を切れるのではないだろうか」というような意識を持ったら、ガイバーガーの言うような、ピーク・パフォーマンスにはならなかったかもしれない。

月一ゴルファーなら、ハーフで45を切れるかもしれないと感じた瞬間、ミスショットをしないようにしようと緊張して、バックスイングも十分にとれずにダフってしまったりする。

中程度の緊張は必要

近年、ゴルフの世界でも、ガイバーガーのように素晴らしい達成が、なかば「忘我の状態」でのプレーで行われることを指して、「ゾーンの中でプレーする＝play in The Zone」というような言い方をする。あるいは、「彼はゾーンに入ってしまっている＝He is being in The Zone」という言い方もある。

ゾーンという言葉は「区域」とか「領域」という意味であり、駐車禁止区域（a no-parking

zone）というように使われる。スポーツ心理学では、「よい成績を生み出すような精神状態の区域」を意味している。緊張しすぎず、弛緩しすぎない、中程度の緊張がスポーツでは必要だというとき、われわれは緊張の適切なゾーンがあることを想定している。

このような「ピーク・パフォーマンスを生み出す精神状態のゾーン」の研究は、1980年頃から、ロシアの旧レニングラード体育大のハーニンらによって進められた（ハーニンは現在、フィンランドで仕事をしている。大学の第2外国語で日本語を学んだので「ワインは赤をください」くらいの日本語をしゃべる）。

ハーニンは、選手がピーク・パフォーマンスを出しやすい精神状態の「ゾーン」を探る方法として、「状態不安のレベル」を測定した。「状態不安」というのは、日頃感じている漠然とした不安の状態ではなく、スピーチの順番が回ってくる不安とか、昇進試験を受ける前の不安とか、運動会のスタート前の不安のような、具体的な脅威に対する不安である。

朝一番のティーショットを想起する

ゴルフのティーでの不安も、状態不安の一つである。この不安テストで高得点すぎる人も、低すぎる人も「ゾーン」の中には入りにくいというのである。

このテストは、アメリカのスピールバーガーのものを利用しており、20項目からなっている。

参考までに、そのうちからゴルフと関係ありそうな6項目を示そう。このテストでは、答える状況が大切である。

朝一番のティーで打順を待っている状態での不安を、電車の中でこの本を読みながら、思い出して評定することは適切ではない。やはり、その場でのリアルな感覚で評定しなければならない。そのために、選手の簡便を考慮してテストの短縮版が使われることが多い。

一つの短縮版を示してみよう。それぞれの項目に対して（1…全くそうでない）（2…いくぶんそうである）（3…ほぼそうである）（4…全くそうである）で答えてください（この場では、最近のティーでのよかった経験と、悪かった経験を別々に、なるべくリアルに想起して欲しい）。

[問] あなたは、今朝のスタート前にどのように感じていますか？　次の状態についてどのように感じていますか？

1　硬くなっている……………	1	2	3	4
2　心配である……………	1	2	3	4
3　イライラしている……………	1	2	3	4
4　緊張している……………	1	2	3	4

5　平静である　……………………　1　2　3　4

6　安心している　…………………　1　2　3　4

5番、6番の項目については、1を4に、4を1にというように逆転して、合計点数をつける。高得点は状態不安の高さを示すことになる。

この評定の結果、6点がリラックスして不安のない状態であり、ピーク・パフォーマンスを生み出しやすい状態かというと、そうではないようである。次の項で詳細を述べよう。

プレーのよし悪しと自分の状態の「気づき」

前項で「状態不安テスト」の短縮版を紹介した。「緊張がなく」「心配がなく」「平静で」「安心した」、つまり、不安のないリラックスした状態が、ピーク・パフォーマンスのために必要な前提条件かというと、そうではないようである。

緊張感のレベルとショットの出来栄えに敏感になれ

ハーニンは、多くの選手を調査した結果、いくらかの不安は、よい成績のためには必要であることを確かめた。先のテストの点数で言うならば、6点は低すぎるだろう。10〜15点くらいが適当かもしれない。「かもしれない」というのは、個人差があるからである。

筆者が調査した経験でも、「試合前にこのようなテストの点数が低いと、調子が乗ってこない」と答えた選手もかなりいた。ハーニンも個人差が存在することを認めており、各選手が繰り返しこのようなテストを行うことで、各人の最適な「状態不安レベル」を把握することを進めている。

筆者はかつて、プロの研修生の練習に立ち会ったことがあるが、そのとき、研修生たちに

「自分の緊張感とショットの出来栄えの関係に敏感になる」ようにアドバイスした。

リラックスすることがいいからといって、ぐにゃぐにゃになっては、スポーツはできない。適度な緊張感のレベルは、自分の感覚でつかまなくてはいけないのである。そこで、ショットを実行する前に、自分の緊張状態を感じ取ってからアドレスに入ることを練習してもらった。

研修生の報告によると、その結果は、「緊張状態が緩んできたときのほうが、ミスが出やすい」とのことであった。これは個人の主観によるものだが、「各個人は主観によって自分の状態をコントロールしている」のだから、「自分の状態に敏感な主観を持つこと」は重要である。研修生たちは、彼らのレベルでのゴルフでは、自分たちがそれまでに予想していたよりは、もっと高い緊張感が必要なことを理解したようであった。

このように、自分の状態に「気づく」ことは、一般のゴルファーにも有意義なことと思われる。前項に示した6つの「状態不安」の兆候全部ではなくても、自分の心理状態とプレーのよし悪しが、どのような関係にあるかを自覚する練習をしてみていただきたい。

たとえば、「硬くなっている」という感じが、本当に動作の硬さに結びついてミスを引き起こすのか、一度ではなく、何ゲームかにわたって自己観察されるとよいと思う。現実にいくらかの硬さが感じられても、それがミスにつながらないものだと分かれば、硬さの感じに敏感になってストレッチを過剰に繰り返したり、ネガティブな気持ちになることを避けることができよう。

「平静である」という感じについても、繰り返し自己観察を行えば、どのような「平静感」が自分のゲームに適切なのかを知ることができよう。

ゾーンを生み出しやすい気分

ハーニンは、ピーク・パフォーマンスを生み出しやすいゾーンを、状態不安の水準の中に想定しただけでなく、「気分の種類」によっても、ゾーンとなりやすい情動も、なりにくい情動もあると考え、フィンランドの槍投げ選手の「ゾーン体験と気分の関係」を調べている。

それによると、「決然とした」「確信した」「心が強く方向づけられている」という気分はゾーンをつくり、ピーク・パフォーマンスを生み出しやすい、ということが見出された。

「怒り」の気分は、個人差が大きく、ゾーンとなる場合も、そうではない場合も見られた。これは興味ある結果であって、われわれの周りでも、怒って素晴らしいプレーをするものもいるし、怒った結果、ゲームを崩壊させてしまうものもいる。この違いについてハーニンは述べていないが、研究する価値のある問題である。

ゾーンにはつながらない気分として、「ゆるんだ」「怠惰な」「気がすすまない」「うんざりした」などがあげられている。このような気分は「緊張」というよりは「リラックスした」気分に属するものだろうが、リラックスといっても、このような気分になってしまうと、真剣にスポーツをすることができないのは、一般ゴルファーのレベルでも理解できることだろう。もしかしたら、毎日曜日が接待ゴルフのゴルファーは「気がすすまない」気分を何とか引き締めながらプレーしているのかもしれない。

また、「平静」「満足」「楽しさ」「愉快」などの気分は、ゾーンをつくるように思われるが、この槍投げの選手の調査では、そうはなっていない。このような気分は、楽しみのスポーツ、つまり、遊びの段階のスポーツには適した気分なのかもしれない。

しかし、高度な精神の集中と、その結果の高い達成を目指すスポーツでは十分な準備状態ではないのであろう。たしかに、ニクラスやタイガーが白い歯を見せて、笑いながらプレーすることを想像することはできない。私は、全英オープンなどを現地で見たことがあるが、トップ争いをしている選手たちは、皆怖い顔をしている。

この項で話していることは、まだゾーンに入れるような準備状態の話にすぎない。そんな前置きはいいから「ゾーンに入るにはどうすればよいかを知りたい」という読者もおられることだろう。もう少し、回り道をお許し願いたい。

次項では、ゾーンに入った状態、つまり、ピーク・パフォーマンス（絶頂達成）をしているときの、プレーヤーの状態について説明したい。

トッププロが感じるゾーンの中での心理状態

突然訪れる絶好調。すべてのショットがコントロールされ、自信に溢れている。動きはスムーズに実行され、周囲の雑音など全く気にならない。スコアよりもプレー自体に喜びを感じている。このような状態を、ゴルファーは「ゾーンの中にいる」と表現する。そのような状態での運動の遂行と成果を、スポーツ心理学では「ピーク・パフォーマンス」と呼んでいる。

ゾーンの中でゴルファーはどのような体験をしているのだろうか？　この体験の内容を知ることは、われわれがゾーンを体験できる可能性を増すことにつながるかもしれない。

アメリカのヴァージニア大学のコーンと、カナダのオタワ大学のマッカフリーとオーリックは、プロゴルファーのゾーンの中でのピーク・パフォーマンスの体験を、インタビューによって調査した。インタビューの結果は、５つのカテゴリーに分類された（Martin, G. & Ingram, D. Play Golf in the Zone. Van der Plas, 2001 より）。

次に、それらのカテゴリーを示すとともに、各カテゴリーに含まれる選手たちの具体的な体験を紹介しよう。

OBもミスパットも心配しない

1【リラックスした感情】

身体的にも精神的にもリラックスしており、緊張感を感じていない状態。ショットの前後ともに気分は平静であり、ミスが起こりはしまいか、といった懸念がない。このような体験をしたゴルファーは、次のように語っている。「私が思い出せる唯一のことは、とてもリラックスしていて、やろうとすることがうまくいくだろうという確信を感じていたことです」

2【現在への没頭・沈潜】

当面する1打に集中することである。過ぎ去ったショットにとらわれず、これからのショットを懸念せず、自分のスコアにも、他のプレーヤーのスコアにもこだわらない態度である。このような状態を、体験したゴルファーは次のように語っている。

「私は前も後ろも見ず、今打つショット以外のことは考えなかった。ショットに臨んでは、私は心を無にし、すべてのことを無視していた」

ここで「心を無にし」というのは（I put everything outside my mind.）という英語を訳してみたのであるが、なにやら禅宗のお坊さんが言うような言葉のようである。

3【よい結果を志向し、悪い結果を恐れず】

ゴルファーがゾーンに入っている状態のときに、彼らは失敗に対する懸念を抱いていない。

ミスパットを恐れず、OBを心配せず、ダフる気がかりも感じていない。そうではなくて、これからやろうとすることに心は集中している。もし、そこで思うようにいかない事態が起こっても、がっくりしたり落ち込むことはない。次にどうしたらよいかを考えている。このような状態の体験を、ゴルファーは次のように語っている。

「グリーン周りのトラブルや、フェアウェーバンカーや池などを見たことを思い出さない」

「その日、私が見たものは、ピンとフェアウェーセンターだけだったよ」

われわれも一度は言ってみたい言葉である。

4【自信に満ちて、不安のない状態】

自分の打とうとするショットを打つことができる、という自信に満ちていることが自覚でき、ミスする可能性は心に浮かんでこない。このような体験は次のように語られている。

「スタート時点でも大きな不安があったわけではありませんが、ある時点で、全く不安はなくなっていました。精神的に何も気にかかることはなくなっていました。何も失うものはないと感じていて、すごくいい調子になっていました」「やろうとすることがうまくいくに違いないという自信に満ちていました」

5【自動的で努力感のない動き】

多くのゴルファーは、スイングの詳細な点については考えていなかった、と語った。彼らの何人かは、外部の目標に意識を集中させていた。スイングそのものについて、意識を向けるポイントは、一つか二つであった。彼らは練習場でスイングを仕上げてきていた。コースで注意すべきことは、スイングではなく『ゴルフ』をプレーすることであった。

「スイングはスムーズで、流れるようで、自然でした。私はスイングをつくろう、という作為を全くしていませんでした」「1番ティーで待っている間、私はショットのイメージをつくりました。そして、その感覚を想起しました。『スムーズ』と心の中でつぶやきました」

自然体のゴルフと言えるであろう。

この状態はゾーン体験の5つのカテゴリー中で、最もレベルの高いものであるかもしれない。ここで思い出す必要があるのは、この面接調査の対象となったゴルファーは、トッププロであることである。一般のアマチュアでは、精神の問題ではなく、技能の熟達の点で自動化のレベルには達していない。つまり、いくらリラックスして作為のない、無理をしないスイングをしたところで、そのスイングが正しい軌道に沿って、ぶれることなく振られる段階にはなっていないということである。ただ、よいスイングになる確率はいくらか上がるということであろう。

次に、ゾーンから大きく外れてしまった状態を見てみよう。こちらの状態のほうがわれわれにはなじみの深い状態かもしれない。

うまくいかないゾーンから大きく外れた心理状態

　前の項で、トッププロたちがゾーンの中でプレーし、素晴らしい成果をあげるときの精神状態の一端を見てきた。しかし、プロといえども、常時そのようなパーフェクトなプレーをしているわけではない。ヴァージニア大学やオタワ大学の研究では、プロたちがゾーンから大きく外れた精神状態でプレーしているときのことも聞き取られている。そこで収録された言葉を見ると、プロたちも「よい日」と「悪い日」の両方を経験していることが分かる。そのような言葉を拾って紹介しよう。

１【気分が集中できず、忍耐力が切れそう】

「物事がうまくいかないとき、そしていくらがんばっても、気分が集中しないとき、忍耐力がほとんど切れそうになる」

　この状態は、テレビの解説者に言わせれば「緊張の糸が切れてしまいましたね」というところだろう。テレビにも映らないプロの中には、だらけてしまっている者もいるのだ。トーナメント会場へ行って、朝早くスタートしていくプロたちについて観戦してみれば、優勝を争っているプロたちと比べると、緊張感のないゲームをやっていることがよく分かる。

2【ミスを受け入れられない】

「物事が思うようにいかないとき、私は、自分はミスを犯す可能性を持ち、時には悪いショットを打つことだってありうる、という事実を認めることができないでいた」

ここの「認めることができない」という表現は（I was not accepting.）をこのように訳してみたものだが、「受け入れることはできない」と訳しても、この気持ちはよく分かるだろう。

自分は空振りなどするはずはないゴルファーであると、高い自己イメージを持っているゴルファーが、実際に空振りをしてしまったとしよう。空振りをした自分が本当の自分なのに、それを認めず、受け入れず、こんなはずはないと、自分に怒るのはこのケースであろう。

3【ピリピリして混乱】

「悪いラウンドのときには集中力がなくなり、ピリピリして、頭がぼんやりしてしまう」

「うまくプレーできないときには、さまざまな思いが心の中を駆け巡り、混乱してしまう。そして、自罰的になるのだ」

このような状態になると、タイガー・ウッズでさえ全米オープン予選落ち、というようなこともあるのだろう。われわれの場合は、ちょっとしたミスが引き金になって、このような混乱状態に陥り、立ち直れなくなることがあるようだ。

4【想像力低下とパニック】

「プレーがうまくいかなくなると、ショートゲームの集中力がなくなってくる。想像力が弱まり、フィーリングもなくなってくる。そうなると簡単にボギーを打ち、パニックに陥る」

たしかに、上級者やプロの場合には、ティーアップしたドライビングは、集中が少し足りなくとも多少のごまかしは利くが、ショートゲームは集中力が薄れると、だめになってくる。

50ヤードほどのアプローチを、カップインしそうな精度で打ってくるプロの内面を聞いてみると、「見た。打った。寄った」という世界のようである。いろいろと考えてから判断するのではないらしい。

日本のベテランプロから聞いた話だが、試合から遠ざかったり、歳をとってくると、このフィーリングがなくなってくるのだそうである。たとえて言えば、目から入った距離の情報が、思考過程を通さず、直接筋肉に必要な力感を生じさせるような反応であろう。身体にやらせると言っていいかもしれない。

ゾーンから大きく離れた状態になると、このような感覚は働かなくなるようである。

悪いときは、プロでもスイング分析してしまう

以上のコメントを含めてプロの報告の全体を分析してみると、「ゾーンに入った状態」の対極にある状態には、次のようなことがあるようである。

①自信と集中の低減、②神経質になる、③緊張、④やってはいけないことに気持ちが集中（例：池に入れないようにしよう）、⑤雑音に影響されやすくなる、⑥分析しすぎの結果の麻痺《まひ》（例：アドレスでの足の位置、頭の位置、腕の位置、グリップの形、膝の屈曲などなど確認していたら、硬くなってバックスイングが開始できなくなった）。

こうしてみると、ゾーンから大きく外れてしまった場合の精神状態には、プロもアマチュアもあまり違いはないように見えるのである。

もちろんプロとアマチュアではレベルは違う。たとえばスイングの分析を取り上げれば、われわれのスイングの分析の精度が、ダンボール紙の厚さの単位の精度だとすれば、プロのそれは、餃子の皮の薄さの単位での分析かもしれない。それでも、プロでさえも、調子の悪いときには、ゲーム中でもスイングの分析に心を奪われてしまうのである。

調子の悪いときには、それなりにプレーし、「スイングのチェックは練習場で行え」というのが常道であろうが、それが実行できなくなってしまうようである。

アマチュアの分析しすぎの結果は、困った事態にもつながる。アドレスに入ってから分析作業を始める人がいる。このような人は、バックスイングを開始することができないほどに身体が硬くなってしまっている。スロープレーの元凶になってしまう。アドレスに入ってから考え始めて、ショットが改善されることはほとんどない。

アマチュアが注意しなければならない教訓が、もう一つある。ティーで「キャディーさん、OBはどこにあるの？」と必ず聞く人がいる。この次から、「キャディーさん、このホールの狙い目はどこ？」と質問の形式を変えてみたらどうであろうか。

「あるがまま」が最高のプレーへの近道

話はいくぶん遠まわしになったが、読者が知りたい問題は、これまでに示したような「ゾーンの状態」にどうしたら入ることができるか、ということであろう。

この問題には、実はまだ正解がない。ゾーンの状態は意図してつくりだすものではなく、そのような状態の中にわれわれが引き込まれるのを待つべきもののようである。怪しげで、神秘的な話になりそうだが、本項ではその問題に触れたい。

ゾーン状態はつくれるか

ゾーンの状態は、【リラックス】【現在への没頭】【目標志向】【自信】【自然体】というようなキーワードで表現されるようなものであった。このような状態に、「なろうと意識して努力すればなることができるものか」という問いに対する答えは複雑である。直接的に即座になれるか、という問いに対する答えは「ノー」であろう。

しかし、このような状態が存在することは確かなように思われる。このような状態が単なる理想ではなく、多くの人がそのような体験を報告しているし、われわれもそのような状態を、全部ではなくとも、一部の匂いぐらいは嗅いだことがある。複雑な方法かもしれないし、熟練を必要とする方法かもしれないが、道はあるかもしれない。そういう意味では、「ゾーン状態はつくれるか？」という問いに対する答えは「イエス」である。

悟りは向こうからやってくる

ニューヨークのメンタル・スキル研究所の心理学者であり、『ゴルフの精神的障害＝Golf's Mental Hazard. Simon & Fisher, 1996』の著者のアラン・シャピロ博士は、次のように述べている。

「スポーツ心理学者は、ゾーンの中でプレーする条件をさまざまに研究してきたが、一つの大きな問題が残されている。それは、ゾーンが意思によってはコントロールできないものである、ということだ。現実のプレーの中で、ゾーン状態が生起しやすい準備や精神的管理を行うことは可能であるが、それでもなおゴルファーは、ゾーン状態が起こるのを待たねばならない。ゾーンが生起する基礎的準備をすることはできる。そこで、プロゴルファーは『ゾーンの神様』に愛される可能性が高くなるような状態に、自分を置く方法を知ることはできるのだが、それでも『待つ』ということが必要である。不安や怒りを抱かずに、一打一打に一喜一憂せずに、他者からの評価を気にせずに、ゲームに集中することがゾーンの中へ入る前提条件である」

この言葉の前半部分は納得できるのだが、後半は読み方によっては同義語反復的なところがあり、「ゾーンに入るためには、ゾーン状態になれ」とも読めるのである。

しかし、言わんとするところは理解できる。ゾーンに入ろうと努力するよりも、ゾーンに入りやすい状態をつくって、結果的にゾーンに入るほうが可能性は高いということである。

このような考えは、欧米人より日本人にはなじみのあるものである。仏教では「悟ろうとする思惑は雑念である。悟って偉いお坊さんになって、信者からたくさんお布施をもらおうというのは、もちろん雑念であって、そのような気持ちでいくら努力しても、悟りには至らない」と意図的な悟りへの努力を戒《いまし》める。

では、どうしたらいいのか？「毎日、早朝に起きて、掃除をして、お経を唱えて、つつましくしていなさい。悟りは向こうからやってくる」というのが一つの定型であろう。

狙うのではなく無心になる

１９２４～２９年まで、東北帝国大学で哲学を教えていた、ドイツ人のオイゲン・ヘリゲルは滞日中に弓道を修行し、その経験を著作に残している（『日本の弓術』岩波文庫）。

この本の中には、西洋的精神が弓道の精神とぶつかりあいながら、それを理解していくありさまが見事に描かれている。ヘリゲルが書き留めた阿波研造範士の言葉は、われわれも傾聴すべきものを伝えている。「あなたは無心になろうと努めている。つまり、あなたは故意に無心なのである。それではこれ以上進むはずはない」

2メートルの距離の練習を4年間行った後に、先生はヘリゲルに60メートル先の的を射ることを課題として出した。ヘリゲルは命中させようとして狙う。そこに先生の声がかかる。

「いや、その狙うということがいけない。的のことも、あてることも、その他どんなことも考えてはならない。弓を引いて、矢が離れるまで待っていなさい。他のことはすべて成るがままにしておくのです」

5年の練習によってヘリゲルは、次のような感想を述べるまでに熟達する。

「一旦弓を引き絞れば、沈思の状態は決定的となり、その後の一切は意識の彼方で行われる。射手は矢が放たれた瞬間にはじめて、ふたたび、漸次にではなく不意に、我にかえる。忽然として、見慣れた周囲が、世界が、ふたたびそこにある。自分が脱け出していた世界へ、ふたたび投げ返された自分を見る」

これは、まさに深いゾーン体験であると言えよう。『日本の弓術』をこの機会に再読してみると、阿波先生は、弓の基本技能や呼吸法、そして目線の構え方などを、かなり徹底して練習させていることが推察できる。技能の練習をおろそかにして、精神の構えだけを強調するような「精神主義・神秘主義」ではないことが分かるのである。

一打一打を楽しむ境地

ゾーンに入ってプレーをし、「ピーク・パフォーマンス」を達成することは、簡単なことではないようだ。

日本の弓術を学んだ、オイゲン・ヘリゲルの前項の例でも分かるように、技の修練だけでは、そのような境地に入ることはできないと同時に、技をおろそかにして、気持ちの持ちようを変えただけでもだめなようである。

バックティーから90以内がゾーン・プレーの技術的条件

"Play Golf in the Zone"の著者のマーチンとイングラムもまた、ゾーンに入ったプレーができる前提条件として、「しっかりと安定してボールを打つことができる」「よく練習されたスイングができていなければならない」と強調している。さらにレクリエーション的ゴルフだけではなく、競技的ゴルフのかなりの経験が必要だとも述べている。

私の個人的見解で言うことが許されれば、クラブの月例競技のAクラスに、年に5度以上は出場しているレベル以上のゴルファーであろう。あるいはバックティーから打って90以内（もちろん1ラウンドで）で回れる腕前の人であろう。そうではないと、池に入れたり、バンカーで二度叩きしたり、3パットしたりして、ゾーン状態はアッという間に醒《さ》めてしまうだろう。

あなたをゾーンに導く8つの心構え

さて、そのような条件を前提として、次のような心構えがゾーンを導いてくると、マーチンとイングラムは述べている。

①リラックスする方法を知っていること。
②やろうとすることに集中し、避けようとすることに心を向けない。
③自分の長所に心を向け、欠点に目をつぶる。
④当面するショットに心を向け、スコアを考えない。
⑤スムーズにスイングすることを考え、ミスを心配しない。
⑥スイングのメカニズムをあれこれ考えない。考えるとすれば1～2ポイントだけ。
⑦「今、ここ」に心をとどめる、現在の瞬間を楽しむ。
⑧「今までに何回もいいショットを打ってきたではないか」と自分に言い聞かせる。

そして、まとめの言葉として、「スタートする前に現実的な目標を立てよ。ラウンドが終わるまでスコアを計算するな。ラウンド中はスコアを忘れよ。現在にとどまり、一打一打に集中して各ホールをプレーせよ」。こうなると、ドイツ人哲学者に弓術を教えた日本人の師匠の言葉と通じるものがあるようだ。

ここに示した心構えを学んだからといって、誰もがゾーンに入ることはできないかもしれない。だが基本の考え方は、どのレベルのゴルファーのゴルフにもよい影響を与えるに違いない。

スコアボードを見なかった樋口久子

ゾーン状態は、ふとしたきっかけで壊れてしまうもののようである。プロにとっては、スコアボードを見て自分の順位を知ってしまうことは、ゾーン状態の持続には有害なようである。

もう30年も昔の話になる。1977年、樋口久子（現・日本女子プロゴルフ協会会長）が、「全米女子プロゴルフ選手権」に優勝したとき、最後の数ホールはスコアボードを見ないようにしていた、と報じられた。筆者は当時、すでにゴルフを始めて何年かが経っていたが、この樋口プロの話によって、「スコアを見ないでプレーする練習」をしたことがあった。しかし、自分にしてはあまりによいプレーが続いたので、最終ホールのティーでスコアを計算した結果、気分が変化して大失敗した経験がある。

習志野CCのクイーンコースのインを回っていた。アイアンが好調で、ラフからでもピンにつけていくショットが何回も成功し、バーディーがいくつか取れた。18番に来たときに、ふと思った。「もしかして、自分はアンダーパーで回っているのではないか」と。

その頃の私のハンディは、7あるいは8であったから、大事件であった。私は計算してしまった。おまけに同伴のプレーヤーに自慢してしまった。「ここまで、2アンダーですよ」と。残されたホールは、かつての「サントリーオープン」の最終ホールに使われていたパー5である。私は初めてのアンダーパープレーの予感に震えた。結果は、ちゃんとダボを打って、パープレーになった。

さて、アル・ガイバーガーが59を記録したコースは、コロニアルCC（7193ヤード・パー72）、1977年当時では十分に長いコースである。「メンフィス・クラッシック」の2日目、ガイバーガーはインからスタートし、最初の9ホールズは30、後半の9ホールズを29で回っている。筆者がこの記録を探した動機は、ガイバーガーが最後の3ホールズを、どのようにプレーしたかを知りたかったためである。見事に、バーディー、パー、バーディーだった。

しかし、ガイバーガーのゾーン状態は3、4日目までは続かなかったようで、ゲーリー・プレーヤーとトム・ワイスコフに追い上げられ（懐かしい名前ですね）、4日目は70で優勝はしたものの、プレーヤーとは3ストロークしか差がなかった。

不思議なことに、ガイバーガーはシニア入りした1988年には63を記録し、シニアツアーの記録になっているようである。「ゾーンの中でのプレー」の名人かもしれない。

自分の気分とプレーの関係を自覚せよ

一種の「神がかりのような状態」で、素晴らしいプレーをするプロの姿のいくつかを、私たちはテレビを通してみてきた。

彼らのような高度な集中と、その中での適切な判断と、正確な行動の連鎖を生み出すようなゾーンの体験は、特別な準備態勢が整った選手にだけしか与えられないものだろう。しかし、近年のスポーツ心理学の研究では、特別な選手だけではなく、一般の選手にもそれなりのゾーンは存在していて、コンディションの調整の工夫によって、各選手は各人固有のゾーンの中でプレーし、よい成績を収めることが可能である、と考えられている。

その原理は次のようなものである。各選手はそれぞれに、よいプレーをする確率の高い気分の状態（ゾーン）がある。まず、そのことに気づき、自分にとってのゾーンとなっている気分を自覚することである。

たとえば、「自分はスタートからやる気満々のときよりも、初めはだるいぐらいの気分のほうが、結果としてはよい確率が高い」というようなことを自覚することである。その自覚ができたなら、次に、そのような気分を再現できるような「心理的技能（メンタル・テクニック）」

を習得するのである。最初は自分自身を知って、なにがなんでもリラックス、というようなワンパターンにならないことが大切である。

「興奮」「楽しさ」「プラスの気分」

アメリカの心理学の研究誌に「Behavior Modification＝行動改善」というのがあって、その最新号（2006, May）に、「情動とゴルフの遂行」という表題の論文が発表された。フロリダ州立大学の３人の研究者によるものである。アメリカの大学の１部リーグの女子選手２名が、２００４年の春のシーズンに、ボランティアとして研究の被験者となった。

彼女たちはまず、自分の気分とプレーの出来栄えの関係をつかむ練習を行った。気分は３つの観点から自己評価された。「興奮の度合い」「楽しさ」「運動にプラスになる気分」の３つである。もう一つの評価の対象は、ゴルフの成績である。これは実際のスコアの記録と、自分の感じたプレーの出来栄えである。これらの自己評価を各ホールの終了とともに、スコアカードの中に書き込むのである。

各評価項目は１～９までの９段階法で、５を平均値として評価される。「興奮の度合い」を例に取れば、１は（極めて低い。眠いほどだ）というレベルであり、９は（極めて強い。半狂乱）というレベルを表す。プレーの主観的な評価についても１～９の９段階法が使われる。各ホールの実際の出来栄えは、バーディー以上は「最適」、ボギーは「普通」、ダブルボギー以下は「貧弱」の3段階に分けられる。

このような調査結果が積み重なると、「自分は楽しいと感じてプレーしているときに、いいプレーができる傾向がある」というようなことが分かってくる。逆の場合もあるだろう。このような自分の気分の状態と、ゴルフの成績の関係を把握する練習が、試合を含めて9ラウンドにわたって行われた。

どんな気分がよりよい成績を残せるか

その結果、一人のプレーヤーAは、「興奮の度合い」が7〜8で「最適」のプレーができる確率が最も高くなり、他の一人のプレーヤーBは、「興奮の度合い」が2で「最適」のプレーの確率が最も高くなることが分かった。

プレーヤーAは、「運動にプラスになる気分」が7以上のときに「最適」の確率が最も高くなっていた。プレーヤーBのほうは、この種類の気分の強さとゴルフの成績の間には明らかな関係を示さなかった。このような「最適」なプレーの確率の最も高くなる「気分の区域」を、この研究では「最適機能の個人的なゾーン」と呼ぶ。

このように、自分の気分とゴルフの成績の関係を自覚することは、プレーヤー各自が自分の

「最適機能の個人的なゾーン」を発見することであり、それだけでプレーにプラスの効果を与えることが期待できる。

たとえばプレーヤーAは「興奮の度合い」が高まってきても、それが自分のプレーにプラスなることを知っていれば、不安にならずにプレーに集中し、結果としてより高度な「ピーク・パフォーマンス」を可能にするような「ゾーンに入る」体験をすることもあるだろう。

ショットの準備行動で自覚する気分

実際、プロゴルフの研修生などでも、自分のプレーに最適な気分の状態がつかめていない者もいる。そのような研修生たちに、ショットの準備行動の中で、自分の緊張感を感じ取る手続きを入れるように指導したことがある。

一カ月くらい後に、「自分がどのくらいの気合を入れればいいのかが分かってきた」と報告したものがいた。それまではひたすら力を抜くことを考えていたようであった。このような力加減は個人差がある。自分の気分と行動の注意深い観察によって把握するのがよいと思う。

気分とゴルフの成績の間の関係に気づいたなら、次の課題は、「いかにしたら、最適な結果が出やすい気分に自分を持っていけるか」ということである。

「興奮の度合い」の高いときが成績のいいゴルファーは、「興奮の度合い」を高める工夫が必要だし、その逆に、「興奮の度合い」を低く抑えることが有利なゴルファーは、リラクセーションの技法を学ぶ必要がある。

つまり、個々人に適したメンタル・トレーニングの必要性が出てくるのである。この問題を系統立てて次項で話したい。

自分に合ったメンタル・トレーニングを

ここで、現代のスポーツ心理学で取り上げられている主な「メンタル・スキル（心理技法）」を紹介しておきたい。もちろん「リラクセーション」も「イメージ化」も含まれているが、それだけではない。

ここに紹介するリストは、オーストラリアのトーマスらによって、1999年に英国のインターネット上の「スポーツ科学誌＝Journal of Sports Sciences」に発表されたものである。各スキルの後につけられている文章は、そのスキルの有無を判断する観点である。

ここでは、紙面の関係で、それぞれ一つの観点しか示さないが、元の論文ではそれぞれ4つの観点が示され、スキルの有無を調べる「心理テスト」となっている。

①「セルフトーク」……試合に役立つポジティブな言葉を自分に言うことができる。
②「情動のコントロール」……物事がうまくいかないときに、私は自分の情動をコントロールする。
③「自動化」……意識的努力なしに本能的に動ける。
④「目標設定」……自分に合った目標を持っている。

⑤「イメージ化」……やろうとする動作をイメージできる。
⑥「活性化」……動作の開始に向かって気分を高める。
⑦「ネガティブ思考の停止」……考えをポジティブに保つことができる。
⑧「リラクセーション」……緊張を抜かなければならないときには、それができる。

読者の中に、これら8つのスキルの全部ができるという人がいれば、多分、その人は常にゾーンの中でのプレーが可能であろう。多くのゴルファーにとっては、どれかは得意だが、どれかは不得意であるということだろう。

フロリダ州立大学の研究では、シーズンの途中で選手が使用している「メンタル・スキル」が、このトーマスによる「心理技法質問紙」で調べられ、その結果と「気分と成績の関係」に基づいて、各選手に必要な「メンタル・スキル・トレーニング」が計画された。つまり、洋服でいえば、オーダーメードのメンタル・スキル・トレーニングである。

興奮レベルをコントロールする

シーズン前半に「気分と成績の関係」と「心理技法」の調査を受けた2人の選手は、シーズンの後半には、その選手の特徴に応じて「メンタル・スキル・トレーニング」の指導を受けた。そして、シーズンの最後には、スコアや精神状態の変化が調べられた。

【選手Aのケース】

選手Aは、高い興奮レベルでよい成績が生ずる傾向が見られたが、興奮レベルをコントロールする「自信」がないことが分かった。そこで、「メンタル・スキル・トレーニング」として、試合に向かっての「気分を高揚させる方法」と、逆に「腹式呼吸や筋弛緩法などのリラクセーション法」が練習された。また、感情ややる気の高まりに対して、その状態をポジティブに理解し、ポジティブな「セルフトーク（自分への語りかけ）」を行い、ネガティブな考えを減らすような指導が行われた。

【選手Bのケース】

選手Bは、興奮水準の極めて低い状態でしか、よい成績の出現が期待されないことが分かった。つまり、緊張や興奮に弱いタイプである。そこで、選手Bには、まず自律神経系の興奮の徴候（たとえば、心拍の亢進《こうしん》や手のひらの発汗など）を、ネガティブにだけ考えずに、エネルギーを解発するポジティブな徴候としても考えるように指導された。

そのうえで、試合に向けての熱中を高めながら、生理的な興奮が運動にブレーキをかけないことを目的としたトレーニングが行われた。それには「リラクセーション法」「プレーのプロセスに対する集中、思考停止法」などが行われた。

選手Aと選手Bに対して実施された「メンタル・スキル・トレーニング」の対照的な点は、

Aではアクティベーション（活性化）が主たる目的であるのに対して、Bではリラクセーションが中心となっていることであろう。

【スコアもバーディー数も確実によくなる】

「メンタル・スキル・トレーニング」を実施する前の、トーナメントの3ラウンドの平均スコアと、実施後の3ラウンドの平均スコアが比較された。選手Aは、243・5から232・5（マイナス4・5％）へ、選手Bは244から231（マイナス5・3％）へと、よい方向に変化した。

バーディー数の平均は、Aでは2・5から5へと、Bでは2から5・5へと大きな進歩を見せていた。

第4章 なぜ練習場のように打てないのか

好調なラウンドで、なぜ大叩きしてしまうのか

ゴルフの世界には「練習場シングル」という言葉がある。練習場ではとてもよいショットを打っているが、コースに出るとよいショットが打てない、そして、よいプレーができないという人がいる。練習場でのパフォーマンスと、コースでのパフォーマンスの間に大きな差があり、練習場の打球だけを見ていると、シングルプレーヤーに見える人がいる。このようなゴルファーは「練習場シングル」と呼ばれることがある。

練習場シングルの3つのタイプ

この「練習場シングル」はさらに3つのタイプに分けてみることができる。

第1のタイプは、技術的欠陥を持つ「練習場シングル」である。練習場ではドライバーばかり打っているので、ドライビングは上手であるが、ショートアプローチには問題があるような人はこのタイプである。このタイプは心理学的援助の対象にはならない。

第2のタイプは、ショットはいいのに、「コースマネジメントができない」ようなタイプである。たとえば、パー5のホールは第1打をドライバー、第2打をスプーン、第3打は短けれ

ば短いほどよい、というようなワンパターンの考えに固まっているタイプである。パー3はピンに近く止めることだけを考えればそれでよいと考えるタイプでもある。

このような「思慮の足りなさ」は、コースの経験不足からくることが多いのだが、身体的技能の欠陥とは区別して「認知的技能の欠陥」という言葉が使われる。日本では、コースでの戦略の助言ができるキャディーが少ないのと、ラウンドレッスンが受けにくいこともあって、この能力はあまり問題にされないようである。でも、とても重要な技能である。

第3のタイプは、「心の中の障害物」があるタイプである。好調なラウンドの最後の3ホールズで、「全部ボギーでいけば、45が切れる」というような状況で、練習場でのようなショットが打てずに、よく大叩きしてしまうようなゴルファーがいる。会社のコンペのような大きなイベントになると、どこかで大叩きし、上位入賞できないゴルファーもいる。

このようなタイプのゴルファーの問題は、心の中にあるように思われるのだが、本人もその問題の「原因」に気づいていない場合が多い。それだけでなく、そのような問題を「克服する方策」はほとんど考えられていない。

「心の無意識」が足を引っ張ることもある

心理学的な話をすれば、このような問題の原因は、われわれが普段、意識できる心の領域の中にあるのではなく、意識の陰や奥にある「下意識」や「無意識」の領域の中にあると考えられている。練習場では素晴らしいショットをし、会社のコンペでもいい成績を上げたいと意識はしていても、下意識や無意識のどこかに「ここでいいスコアはまずいぜ」とつぶやく心理的力学が足を引っ張っている、と考えられるケースもある。

次に、スポーツ選手のやる気にブレーキをかけている下意識の分析をしている、ドイツのスポーツ心理学の研究を紹介したい。

ドイツの「トレーニング世界チャンピオン」

練習では強いが、試合では弱い選手のことを、ドイツでは「トレーニング世界チャンピオン＝Trainingweltmeister」と呼ぶようである。2004年のドイツの「スポーツ心理学時報」に、2人のベルリン工科大学の大学院生（マラレンスとケイル）がトレーニング・チャンピオン6名の綿密なインタビュー研究を発表した。種目はアーチェリー、水泳、柔道、ハンドボール、ダイビングなどであった。これらの選手は、州や国レベルの競技に定期的に参加しているものであり、スポーツ連盟から「試合で弱い傾向にある」と指名されたものであった。1時間にわたる面接は、テープに収録されて分析された。

トレーニング・チャンピオンへのインタビューでは、次のような質問が出され、選手たちは、それらの質問に対して自由に答えた。

「試合の日の気分はどうですか？　どんな考えが頭に浮かびますか？　説明してください」

「あなたが本当に満足した一つの試合のこと、そして満足しなかった試合のことを、具体的に話してください」。次に、コーピング（対処法）についての質問が出された。

「試合が満足にいかないとき、そのことにあなたはどのように対処しようと試みますか？　何を行いますか？」。次に、問題の発生した原因についての推察を聞いている。

「試合でうまくいかないのは、なぜだと思いますか？　あなたが考える理由を説明してください」

このインタビューで使用された「グラウンデッド・セオリー」は、選手が経験する「試合の場の心理」を分析する手法として近年、心理学の中でよく使われるようになった。

この分析法では、選手の言葉は全部文字に起こされ、その文章を、選手の心に入り込むようにして理解し整理していくのである。このような分析を通して、トレーニング・チャンピオンの「心理状態」が調べられた。次項で分析の結果を示したい。

コンペで勝っても人間関係は崩れない

ドイツの「トレーニング・チャンピオン」の心の中の障害物についての話の続きである。試合に弱い選手たちのインタビューの結果は文書に起こされ、複数の心理学者によって分析された。その分析の具体的な様子を少し紹介したい。

次に示すのは、アーチェリーの女子選手が発射ラインでの心理状態を語ったものである。

アーチェリー選手の本音

「いくぶんこんな感じなのです。つまり、①発射ラインに立つと、他の射手たちが私を神経質にしました。②あるいは気を散らさせるのでした。③そして、その人たちのリズムに合わせてしまうのです。④本当はそんなことしてはいけないんですけど。⑤普通は、優位に立って、他者に自分のリズムを押し付けなければならないのですが。だけど、⑥自分ではそれができないのです。少し自分を抑えて、⑦小心になってしまうのです」

文章化された言葉の中に挿入されている①〜⑥は、研究者がこの選手の「心理」を了解するために任意に入れたものであり、それぞれの区分に基づいて心理的解釈が進められる。

まず、①は注意の外部指向を表し、②は自律性の低さを示し、③は競争性よりも親和の欲求を表している。④〜⑥では、攻撃性は必要だが、攻撃的になれない自分を認めている。⑦では、その結果としての、試合状況を脅威として感じる心理が生じてくる。

これらをまとめると、本来は他者指向的で依存性のある人間が、他者と仲良くすることが目的ではなく、他者に敵対しなければならない試合状況を脅威に感じている状態と理解できるのである。

「競争意識」と「仲間意識」の矛盾

このような心理状態は、一般の社会人ゴルファーのティーイング・グラウンドでの心理状態と通じるものがあるようである。われわれがそこで感じているのは「他者の目」であり、ナイスショットそのものより、ナイスショットによる他者からの賞賛であったりする。

ティーショットがいくぶんこすりボールであったとしても、200ヤードも距離が出ていれば、自分のプレーにはほとんど問題はないはずである。でも、われわれは、そのようなショットに対して仲間がかけてくれた、力がいくらか抜けている義理の「ナイスショット」の声には、認めてもらえなかった残念さを感じている。

このように振り返ると、プレーイング・パートナーは仲良くすべき相手であると同時に、敵対し競争すべき相手であるという矛盾する二面性を持つことになる。ということは、純粋に競争的にはなれない相手であり、その相手に対して全く競争的になることには、心のどこかにブレーキがかかることになる。

この「親和と競争」の2つの気持ちのバランスを考えると、仲間内のゴルフでは「親和」の気持ちが強く、クラブ選手権試合では「競争」の気持ちが強くなるが、それでも同じクラブのメンバー同士であるから「親和」の気持ちも無視はできないという状況がある。

さらに、都道府県選手権や関東アマなどの地区の試合になれば、「競争」に集中できる可能性は高まる。それでも、県選手権などの常連には「友愛」の気持ちが高まるので、仲良しの試合になることもある。

先のアーチェリー選手は、インタビューの他の箇所で次のようにも話していた。

「国際的には、われわれは一つのチームのメンバーとして戦うわけです。でも、国内ではみんなを競争相手にして弓を引くのです。そこでいつもみんなから言われることは、私が優しすぎるということです」

また、水泳選手の一人は「トレーナーが満足すると、自然に自分も満足してしまう」と述べている。もう一人の水泳選手は「水泳の選手でなくなったら、ここの友達にもう会えなくなる。それは辛《つら》いことだ」と述べている。

他者依存と人間関係の喪失不安

このインタビューは、「本物のチャンピオン」に対して行われたのではなく、「トレーニング・チャンピオン」に対して行われたのだ、ということを思い出してもらいたい。彼ら彼女らは「親和」の気持ちを強く持っていたのである。この論文の著者は、次のように述べている。「試合の勝者になるという本来の望みは、インタビューを受けた選手たちとっては明らかに優先順位が第1位のものではなかった。それに代わって、友人や家族やコーチに関連した『人との絆《きずな》や、承認や、安心感への際立った欲求』が見られた」

気分のよい人間関係を喪失する不安は、勝利への欲求より強いようである。このような心理状態の結果の一つとして、水泳選手の一人は「自分が大きくリードしていることに気づいたとたんに調子が狂ってしまった経験」を話した。

われわれ一般ゴルファーが、このような心理を克服する一つの方法は、まず自分の心の中にある「他者依存」の意識を自覚して認めること、そしてゴルフの場では「戦ってもいいのだ」と自分に言い聞かせることであろう。

プレーヤーは「自分に正直な道」を選ぶ

人は成功を目指していながら、心のどこかで成功を避けようとしている力が働いている、という話を続けたい。簡単に言うと「成功に対する無意識の恐怖」である。

こう言うと「成功は誰でもが望んでいるものであり、成功を怖れる心理は理解できない」と疑問をもたれる読者もおられよう。しかし、「成功すれば誰かの妬《ねた》みを買うだろう」という恐れもある。スポーツで勝てば、挑戦者から防衛者に「立場」が変わる。

挑戦は自分の都合で止《や》められるが、防衛は負けるまでは止められない。それにチャンピオンとして恥ずかしくない実力を維持しなければならない。「それは面倒だ」という、成功拒否の心理もある。

突然の乱れはどこからくるか

成功を目前にしながら、突然の乱れで成功を手放してしまう状態は、ゴルフでも見ることができる。もっとも、そのような乱れは、成功を目前にした緊張のためと解釈されてしまうことが多いが、そのプレーヤーの無意識の心の中に「成功拒否」の心理的力学が働いていることには、本人も気づかないことがある。

プロになったゴルファーのほとんどは、トーナメントの華やかな舞台で活躍することを夢見ている。しかし現実には、その夢を実現できるのは一握りというよりは、一つまみの人たちである。プロになったからといって、すぐにトーナメントの本戦に出場できるわけではない。研修会でポイントを稼ぐことや、若手の登竜門になる「新人育成トーナメント」のような試合で上位に入ることが、夢への現実的な第一歩となる。

実力はあると思われるのに、そのような予選となるような試合で力を発揮できないプロがいる。普段のゲームや地域のプロ仲間のゲームではよい成績を上げているのに、予選会となると信じられないようなミスをするプロがいる。連続スリーパットや、パー5での第2打のOBなど、プロらしからぬ失敗をして、本戦にたどり着けないままのプロが少なからずいるようである。

夢が実現する「恐怖」もある

筆者はそのようなプロの生活を観察したり、話を聞いたりしているうちに、「もしかしたら、今の生活を変えたくないのではないか」と思うことがたびたびあった。

ある者は、クラブのプロとしての地位も収入も安定してしまっている。ある者は、練習場のレッスンの仕事が軌道に乗り、近隣のゴルファーから厚い信頼を得ていた。そうなると、ツアーを転戦し、職場を長い間、留守にしなければならない心配が生じる。場合によっては予選落ちの連続で、交通費や宿泊費の負担で赤字になる不安もある。

意識の世界では、まだ成功を夢見て予選会に挑戦し続けている自分を確認していたい。だが、本当にそれが実現するのは不安だ、という無意識との間の葛藤が、信じられないミスにつながっている場合もあると考えられるのである。

そのようなミスについて、取り巻きのアマチュアやプロ仲間と話しているプロの姿には、あまり深刻さが感じられない。むしろ安堵《あんど》の色さえ感じられる。野球の県大会でエラーをした高校生のほうが、はるかに大きな失意を表情に表している。

リードすると緊張して崩れる理由

先に紹介したアラン・シャピロの著書“Golf's Mental Hazards, Simon & Schuster”の中にも、似たようなケースが報告されている（pp 129-130）。

地方のプロの仲間内で、将来有望と見られていたアシスタントプロがいた。名前はトニー。トニーは、リードしているゲームで、突然崩れる傾向に自分で気づいて、臨床心理学者のシャピロ博士のところに相談に来た。

相談に来る前のラウンドで、2打リードで迎えた16番で不安な気分になり、ティーショットを引っ掛けて深いラフに打ち込み、トリプルボギーを打っていた。結果は、1打差で勝利を逸していた。トニーが相談に来た理由は、「リードしていると緊張してしまうことが、習慣化されているように気づいたからであり、自分は勝つことを恐れているのではないか」と思ったことであった。

カウンセリングの結果、トニーが実際に、成功を恐れていることが分かってきた。トニーは29歳、結婚5年で2歳の息子がおり、次の子も近い将来に生まれる予定であった。トニーはクラブプロとして働いており、将来はヘッドプロになることが期待されていた。奥さんは看護師で人並みの給料をもらっていたので、トニーは経済的には不足はなかった。

ゴルフでの「成功の報酬」がもたらすもの

トニーが恐れていたのは、大きな成功によって、安定した生活に大きな変化が起こることであった。

彼は息子と遊ぶこと、週末に妻と映画に行くこと、日曜日に親類たちとディナーを囲むことを楽しんでいた。彼に「成功」は何をもたらすだろうか。ハードな訓練の生活、試合を追っての旅行の連続、ホテル住まい、レストランでの食事、それらが「成功」の報酬であるかもしれないのである。

カウンセリングの結果、トニーはツアープロではなく、クラブプロへの道を選ぶことになる。シャピロ博士は「トニーが自分に正直な道」を選んだことを評価している。

しかし、「ゴルフでの成功」が自分に正直な道である人もいるだろう。そのような場合は、ゴルフへの専心を、家族や周囲のものに理解してもらうこと、友人たちとの楽しい付き合いの時間を意識的に制限していくことが「自分に正直な道」を選ぶことにつながる。このような心理的ダイナミックスについて、アマチュアの場合を次項で考えたい。

アマチュアの成功拒否の心理

ゴルフでの成功には、2つの種類を考えることができる。

一つは自分の技能の進歩であり、もう一つは多くの競争相手の中でよい順位を得ることである。ゴルファーは誰もがすべての場合に、無条件に成功を目指してプレーしているわけではない。この項では、アマチュアに見られる「成功拒否」のケースを見ていくことにしたい。

コンペでは「皆と同じでいたい」人たち

近年は減少の傾向にあるようだが、同じ会社のゴルファーや、同じ商店街のゴルファーなど、仕事に関係のある人たちのゴルフ会がある。いわゆるコンペである。

このコンペは日本特有のものではなく、クラブ組織の発達した英国にもあって、ソサイェティと呼ばれている。人間関係がゴルフに基盤を置いているよりも、ゴルフ以外のところに基盤を置いている人たちのゴルフである。同窓会のコンペもこれに入るだろう。

このようなコンペの中の順位を観察すると、ネットスコアでの順位には、あまり大きな変動がないようである。コンペに参加した新参者のスコアは、最初は変動があるが、2～3年すると安定してくる。

ハーフのスコアで言うと、いつまでも60を切れない人の一群、普段は50前後のスコアで、たまに45〜46のスコアが出て満足する一群、40台前半のスコアと時折の38〜39のスコアの数名の群などに分かれる。この群の中での変動に比べて、群を越えた変動は少ないようである。

問題は、このような変動の特徴が、ゴルフの技量によって決定されているように見えるが、心理的な決定要因もある、と思われることである。

午前のラウンドでよいスコアだった人が、午後のプレーでは乱れて、結局はいつもと同じような順位に落ち着いてしまうケースはよく観察される。そのような場合、後半の乱れをあまり悔しがらずに、自分のプレーを面白おかしく語る材料にしていたりする。本音では、ゴルフの腕前を上げたくないのではないか、と思われる行動が、練習にも見られる。

少しの期間練習に熱中したりはするが、その効果が表れる前に、練習場へ行く足が鈍りだすのである。本人の意識では、仕事が忙しくなって、練習の時間が取れなくなったのである。ハーフで45を切れない人たちを長年観察していると、不思議なことに、そのような練習の波が繰り返されているようである。

練習を止めてしまうのは忙しいからではなく、練習の意欲が下がるためであろう。その原因の一つには、「これ以上うまくなると、仲間と一緒ではなくなる」という不安がある。「目立つのはまずい。成功もほどほどに」という現代の社会人に特有の心理もあるだろう。仲間から違和感を持たれない程度の、ほどよい成功を目指すというのは、社会人の遊びとしてのゴルフでは、極めて正常なこととも考えられる。

勝っても仲間から裏切られない

このような「皆と一緒」という心理的圧力の下で、よいスコアの予感にうろたえないでプレーする工夫はあるだろうか。「もしかしたら優勝」というときに、「優勝を考えないようにしよう」と考えるのはあまり効果がないようである。「考えないようにしよう」という考えにこだわってしまう、というのである。むしろ「もしかして優勝」した場面を、イメージの中で十分につくってみたほうがよいという考えもある。

1980年代にカナダの「ソウル・オリンピック出場選手団」で実践されたメンタル・トレーニングがある。「優勝したときに起こりうる、あらゆる情景を思い浮かべる」というテクニックである。優勝ポーズの取り方から、プレスインタビューまで、全部イメージしておくのである。この方法の狙いは「勝ってしまったらどうしたらいいだろう」という不安をなくするためであった。このテクニックには、もちろん、負けたときのイメージ訓練も含まれていた。

「皆と一緒」という心情に縛られているゴルファーにとって大切なことは、「勝ってしまっても大丈夫」というイメージを持つことであろう。カナダチームのやり方に従えば、これまでの自己ベストを出して優勝したとき、それまで一緒に60近いスコアを出していた仲間は何と言うだろうか、というような漠然たる不安をなくす必要があるということである。

そのためには、勝利をイメージし、「優勝しても裏切り者とは言わないだろう。今日はがんばったね、と言ってくれるはずだ」というように考えられれば、よいということである。

序列を破る納得できる理由をつくる

たとえば、一人のゴルファーがジャカルタ支店勤務になり、ゴルフが上達して帰ってきた場合などは、その上達は皆に受け入れられるし、本人も躊躇《ちゅうちょ》なくよいスコアを出すことができる。「いやー、向こうでは他に行くところはなくってね。それに駐在員同士の付き合いもあって」と、上達した弁明ができるのである。

社会人のゴルフには、「序列を破る弁明」が必要である。その弁明にはいくつもの方法があるだろう。レッスンプロに定期的に教わる、クラブの月例競技会に出るようにする、エレベーターを使わないで階段を歩く習慣をつける、などなど。まわりの人が上達を納得してくれ、自分でもよくやった、と思えることを実行することである。高価なクラブを購入したというくらいでは、序列を破る弁明にはならないだろう。

「完全主義者」のグチは要注意

ティーショットでボールにジャストミートせず、少しこすりボールになった。しかし、200ヤード近くは飛んで、フェアウェーに止まったとしよう。一般のゴルファーの場合なら、このようなショットでも、「ナイスショット」の声がかかる。

その声に対して、「ありがとう」と素直に応えを返す人と、そうではない人がいる。そうではない人は、まず首をひねって、「まだ、少し芯を外しているな」とか、「いや、こすっちゃったよ」というような言葉を返す。その言葉の裏には、『本当は、俺はもっとうまいんだぜ』というようなメッセージが込められていることがある。

グリーンまわりからのアプローチでも、このようなことがある。

転がしてピンそばに寄せられるチャンスが十分あるところで、サンドウェッジのピッチショットを試みる。結果は、芝を噛んでしまったので、ボールの勢いは弱いものになった。が、その分ランが出たので、ピンに近いところまで転がったとしよう。結果オーライのケースである。

このような場合でも、「あれ、ダフッちゃったよ」と、反省の素振りなどをして、素直に「オーー、ラッキー」とは喜ばない。

うつ病になりやすい人

このようなタイプのゴルファーがいることに気づいたとき、初めは「仲間に対する見栄なのかな」と思っていた。

しかし長年、いろいろなゴルファーを観察しているうちに、このような言い訳や弁明は、仲間に対して向けられているよりも、自分自身に対して言っているのではないかと、疑い始めた。まずまずの結果に喜ばないゴルファーは、目指している「目標の水準」が高く、その水準を比較的容易に達成できる、と感じているように思われるのである。そして、その水準に達しない自分を受け入れることができない人たちにも思われるのである。つまり、一種の「完全主義者」である。

物事を「完全に」やり遂げようとすることは、言葉の上だけでは立派なことで、文句のつけようはない。

ところが、近年、心理学の中では、「完全主義」はその「負の側面」に関心が向けられるようになってきた。「完全主義」悪玉論である。その最も有名なのは、「うつ病になりやすい人」の病前性格としての「完全主義」である。物事を完全にやろうとするあまり、自分の体力や能力がついていかなくなると、精神的に落ち込んでしまうというわけである。

結果を「白か黒か」でしか見られないクセ

ゴルフでも同じように、「完全主義」悪玉論がある。完全主義者は、結果を「白か黒か」で評価する傾向がある、と言われている。100点か0点かの評価といってもよいだろう。

タイガー・ウッズのような、とまではいかなくとも、まっすぐで十分な飛距離の出るショットが打てれば100点、さもなければ0点と自己評価を行う。丸山茂樹のような、ポンと上げてピタッと止まるピッチショットでなければ満足しない、という価値観を持っている。だから、常に「自分はダメだ」という失望感と欲求不満につきまとわれることになりやすい。

でも、完全を目指して努力しているうちはいいのだが、完全主義者の中には、突然に練習やプレーをやめてしまう人もいる。このようなゴルフへの興味の衰退には、いくつかの原因が考えられる。満足感を感じられないゴルフを続けているうちに、ゴルフに飽きてしまうこともある。もう一つ考えられる理由は、心理的にもう少し複雑なようである。

完全主義者は、何かを一生懸命やってみてできないと分かると、「自分が人間として価値がない」というレッテルを貼られることになるのではないか、と恐れる。そのような心理は一種の「失敗恐怖」でもある。そこで、「完全に成功する」見込みがないときには、チャレンジすることをやめて、その活動に無関心なふりをしたり、その活動をいい加減にやったりする。

「失敗への恐怖」が悪循環を生む

練習場での、グリーンマットの上からのスプーンの練習を例に考えてみよう。

もし、この練習の結果を「100点か、0点」で評価するとしよう。ハンディ20くらいのゴルファーは、どれだけ「100点」の評価をつけられるショットを打つことができるだろうか？　多分、「0点」の連続で、スプーンの練習が嫌になってしまい、心の中でこうつぶやくかもしれない。

「無理してフェアウェー・ウッドで打たなくたっていいのだ」「200ヤード以上の距離からグリーンを狙うことはあまりないからな」などなど、いくつかの弁明が頭の中をかけめぐる。そしてスプーンをバッグに収め、もっと100点が出て気分のよいティーショットの練習に移っていく。

ロングアイアンの練習も同じである。そして、心の奥底に、「これ以上、この練習に打ち込んでいって、さらになお、ロングアイアンをうまく打てないダメな自分を見たくない」という、完全主義者が抱きやすい失敗への懸念があるようである。

「成功の基準」を低いものに変える

ゴルフに限らず、失敗に対するこのような態度を取りやすい人に、心理カウンセラーが与える助言の一つは、「成功の基準を低い現実的なものに変えよ」ということである。

スプーンの例でいうならば、練習場のネットまで飛んでいけば、まずはOKとするような評価の仕方である。このような方法を、5段階での評価にする方法もある。「素晴らしい」を5点、「よし」を4点、「まずまず」を3点というようにする方法である。

このような自己評価は、ラウンドの途中での、プレー全体の評価にも適用したらよいと思う。プレーの途中で、「今日は調子が悪い、もうスコアのことはあきらめて後は練習だ」などとゲームを捨ててしまう人がいる。

これも、一種の「完全主義者の失敗懸念」である。このような態度は、プレーヤー自身のためにならないだけでなく、同伴競技者を不愉快にさせる。

第5章 技術習得をより効果的にするヒント

素振りはなぜ有効か

初めてゴルフボールを打ったとき、われわれは何に「注意」を向けていただろうか？

「頭が動かないように」だっただろうか？

「クラブヘッドの重さ」だっただろうか？

多分、そうではなかっただろう。われわれは、ボールをにらみつけて、空振りしないようにと緊張しながら、一方では飛んでいくボールの姿を予想していたのではないだろうか。

われわれの注意は「外」に向けられていた。

身体か、クラブか

では、最初にレッスンを受けたとき、インストラクターはわれわれの「注意」をどこに向けさせただろうか？

まず、「グリップ、足の位置、腕の角度」などなど、われわれは突然、自分の身体に注意を向けることを要求された。その次に、「ボールを打つ前に、頭を上げてボールの行方を見ないように注意され、頭を押さえられも」した。このような身体への注意を「内的注意」とここでは呼ぶことにしたい。

そして、ボールをなんとか打てるようになると、「クラブヘッドの重さを感じて」とか、「シャフトのしなりを感じて」とか、「クラブフェイスが開かないように」とか、「トップでシャフトがかぶりすぎないように」とか、クラブへの「注意」が促される。このような注意を「外的注意」と呼ぶことにしたい。

さて、ここで問題なのは、「初心者の練習では、『内的注意』と『外的注意』のどちらを働かせることが有利か」ということである。この問題意識は、「初心者の練習で、一般的に行われている、身体のたくさんの部分への『注意の集中』は、避けて通れない課題なのか」という疑問にもつながる。

この項は、そのような問題を扱った実証的な研究を見ていくことにしたい。推理小説の犯人を先に言ってしまうようだが、この研究の答えは「外的注意が有利である」ということである。

クラブヘッドの重さを感じとる

１９９９年の「アメリカ体育学会誌＝Research Quarterly for Exercise and Sport」の２号に、「ゴルフの学習における外的注意の有利さ」という論文が出た。３人の研究者のうち２人はドイツの研究者である。

【研究の手順と結果】

ミュンヘン工科大学の22名（女子9名、男子13名）が、ボランティアとして被験者となった。全員、ゴルフ未経験者で、ピッチショットの練習を行った。

被験者は2つのグループに分けられた。グループ1は、「腕の動き」に注意を向けるよう指示された（内的注意群）。グループ2は、「クラブの動き」に注意を向けるように指示された（外的注意群）。

練習する課題は、15メートル先の半径45センチの目標に向かって、9番アイアンでピッチショットをすることであった。目標を中心にして、地面の上に半径1・45、2・45、3・45、4・45メートルの同心円が描かれており、ボールの着地した地点によって点数が与えられた。半径45センチの目標内に落ちれば5点、1・45メートル以内なら4点というようにである。

すべての被験者は、まず、実験者によるピッチショットのデモンストレーションを見せられ、基本的動作について同じ説明を受けた。その説明の中には、グリップ、スタンス、姿勢と、左足加重（60～70％）の体重配分の指導を受けた。その後に、2つのグループは異なる練習を行った。

【内的注意群】

まず、正しいグリップの形をつくって、クラブは持たずに、両腕を後ろに、そして前に振る練習を行った。被験者は、バックスイングでは左腕をまっすぐにし右腕をいくぶん曲げ、フォワードスイングでは両腕を伸ばし、フォロースルーでは右腕を伸ばし左腕を曲げるように、指示された。次にクラブを持って、「正しいグリップと正しい両腕の動き」に注意しながら、素振りの練習を20回行った。実験者はこの間、グリップ、スタンス、姿勢、スイングモーションについて、必要があれば、注意を与えた。

【外的注意群】

このグループの被験者たちは、まず、クラブを振り子のように振り、「クラブヘッドの重さ」に注意を集中することから練習を始める。右手の親指と人差し指でクラブのグリップを挟み、振り子運動を加えて、ヘッドの動きを感じ取れるように集中するのである。次に素振りを20回行うが、そのときには、クラブの重量に逆らわないで、自然に振ることを心がけ、「ヘッドの重さ、軌道、ダウンスイングでの加速など」に注意を向けるように指示が与えられた。

【ショットの練習】

以上のインストラクションの後で、両群は10打を1セットとして、8セット、目標を目がけてピッチショットの練習を行った。1セットごとにショットの正確さに従って得点が計算された。セットとセットの間にはボールが回収され、その間に各グループはそれぞれに、「意識をどこに集中すべきか」について簡単な説明の反復を受けた。

第1日目の練習は、8セットで終わる。第2日目には、運動の記憶がどれだけ保持されていたかが調べられる。このときは、2つのグループとも、何の指示も受けずに、3セットのショットを行い、点数が計算された。

【結果】

以上のようなショットの練習の結果を見ると、「外的注意群」、つまり「クラブの動き」に注意を向けていたグループのほうが、「身体」に注意を向けていたグループよりも、よい成績を示していた。

この「外的注意群の優位」は、第1セットから明らかであって、8セットの練習期間中も続いたばかりでなく、次の日の運動記憶の保持においても優れていた。

下の図はその様子を明確に示している。

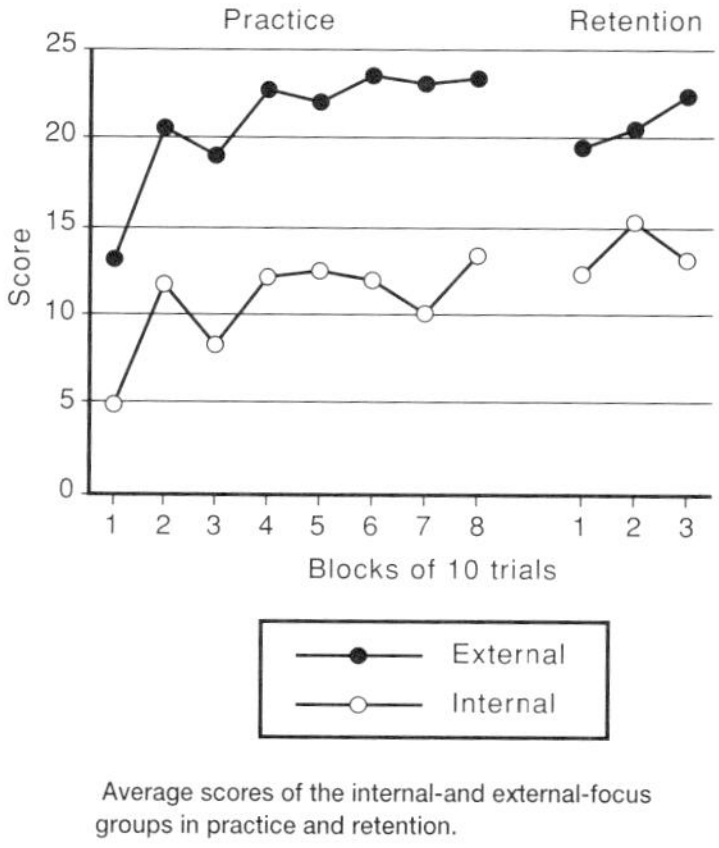

Average scores of the internal-and external-focus groups in practice and retention.

外的注意群（上）と内的注意群（下）の平均スコア
1-8セットは第1日目の練習、その後の1-3は第2日目の保持

何もできずに固まってしまう身体

道具を使った運動を習得するときに、「身体の動き」に注意を向けること、特に「複数の身体部位の動き」に注意を向けることは、運動の習得を妨げることは昔から知られている。スキーを習い始めた時期に、膝の締め具合や、足首の角度や、腰の位置や、ストックを支える姿勢などを指摘された結果、何もできずに身体が固まってしまったことがあるだろう。ゴルフでも、同じ経験をした人は多いはずである。

そのような現象の原因には、2つのことが考えられている。

一つの原因は、何箇所もの身体部位に注意を配ることは、人の情報処理能力を超えてしまっており、結局、どの部位にも十分な注意力の配分ができなくなっていることである。

もう一つの原因と考えられることは、身体の運動感覚の未発達である。意図された運動が実行されると、筋や腱の中にあるセンサー（感覚器）が動いた結果を察知し、その情報が中枢神経系に送られる。そこで、意図した運動と実行された運動の照合が行われ、ズレがあれば修正が行われるのである。

普段使っていない部位の運動では、この機能が十分に働いていない。そのために、身体部位に注意を向けたところで、運動のコントロールは十分に行われない場合が多いのである。

初心者はクラブの動きに集中せよ

つまり、初心者には「身体部位」に注意を向ける指導をしても、役に立たないことが多いのである。本書を読んでくださっているようなゴルファーでも、クラブを持ってトップの位置まで上げたときの、左手首の角度を正しく知覚するのに困難を感じる人もいるだろう。そのようなゴルファーに「トップで左手首をスクェアに」と言っても、何も伝わっていないのと同じである。

このようなことを考えると、クラブの動きに意識を集める練習は、たしかに初心者には有利であるようだ。

だが、ある時期には、「身体部位の動き」に集中する必要も出てくるだろう。

先に例にあげた「トップでの左手首」もそうだし、ロングアイアンのダウンスイングの始動における左腕の動きなど、中級ゴルファーになる過程で、必要な身体意識も数多くあるだろう。また上級者の意識は、この研究で取り扱われた対象とは違うところにある場合がある。それは、ボールの着地点や弾道の適切なイメージであったりする。そのイメージができれば、そのようなボールを打つように身体が自然に反応するというような段階の上級者もいる。「内的注意か外的注意か」は、あくまで初心者の練習における問題である。

最後に、素振りの練習についての感想を書き加えたい。

「とても役に立つ練習だが、とても退屈な練習、苦痛な練習」は、長続きは難しいというのが、私の実感であった。そこで、クラブ1本につき20回の素振りを、13本のクラブ全体に行ってみた。これだと、退屈しないで素振りの練習ができた。

素振りは「内的注意」も「外的注意」も、ともに働かせる練習である。

よいインストラクターの見分け方

ピアノを弾けるようになりたい人は、ピアノの先生につく、英会話を上達させたい人は、アメリカやイギリスにまでは行かないにしても『駅前留学』くらいはする。

ゴルフはというと、上達に対する熱意は、音楽や外国語の習得以上であるようだが、意外に定期的にプロから指導を受けている人は少ないようである。その理由は一つには、ゴルフの練習にお金がかかりすぎることであろう。ボールを打つだけでポケットマネーはなくなってしまって、レッスン料金までは回らないというのが、多くのゴルファーの実情だろう。特に若いサラリーマンゴルファーはそうに違いない。

もう一つの理由は、プロのレッスン法に対するゴルファーの不満だろう。この不満には2つの原因がある。一つは、ゴルファー側の無理解、わがまま、ない物ねだりである。「明日のコンペに間に合うように、スライスを直して欲しい」とか、ビギナーが「あのプロは私とは体型が違うからだめだ」というような話である。もう一つは、言うまでもなくプロの指導力不足である。

名選手、必ずしも名コーチならず

正しいスイング理論を知っていて、自分でも正しいスイングができる人が、他者に上手に教えることができるとは限らない。名選手、必ずしも名コーチならず、である。

近年は優れたレッスン専門のプロも育ってはきたが、レッスンは多くの場合、トーナメントプロの競技を引退した後の仕事であった。そのため、指導法の研究は、アメリカに比べるとかなり遅れているし、ゴルフの技術書は「自習書」であって「指導書」ではない。他の多くのスポーツは、協会や体育大学の研究者が中心になって「指導書」をつくっているが、ゴルフはそのような体制がとれないでいる。

アメリカはプロゴルフ協会自体が、昔からレッスンプロの団体であり、指導法の研究・開発には熱心であった。今、手元に「熟練したゴルフインストラクターの生徒との関わり合いのパターン」という研究論文がある。2004年に「アメリカ体育学会誌」に発表されたもので、ゴルフ指導において、教師と生徒の間でどのようなことが行われているか、を研究したものである。ジョージア大学と韓国の教育研究所の研究者、そしてLPGA（女子プロゴルフ協会）のベスティ・クラークが加わった研究である。社会学の博士号を持つプロであるクラークが入っていることに驚くが、韓国の教育関係者が入っていることにも驚かされる。

一般のゴルファーに読まれるだろう本書の中で、指導法の研究の話を紹介する理由は2つある。一つは、自分がついているプロのレッスンのよし悪しを評価する観点を提供することであり、もう一つは「教師と生徒の間の相互関係」の中で営まれるレッスンという作業の中で、生徒としてどのように振る舞うことが、ゴルフの学習にとって有利なのかを考える観点を提供することである。

一つのレッスンでは要点を絞る

この研究では、「熟練したインストラクター」22名が、LPGAの会員の中から厳しい基準で選ばれた。彼女たちは、ジョージア大学に招集され、ビギナーの学生を対象にして、1時間のレッスンを行った。そのレッスンの様子は、コードレスマイクとビデオによって収録され、それを資料としてインストラクターと生徒の行動が分析された。その結果、熟練したインストラクターと生徒との関係でさまざまなことが確かめられたのだが、ここで、一つだけ興味ある結果を紹介しておきたい。

「熟練したインストラクターは、一つのレッスンの間に、あれこれたくさんのことは指示せずに、数少ない要点を繰り返し指摘する」ということであった。

【熟練者の基準】

では、この研究を少し詳細に見ていくことにしたい。まず、22名の「熟練したインストラクター」の基準であるが、それらは、①10年以上の経験、②LPGAのインストラクター免許保持者、③優秀インストラクターとして、国あるいは地方レベルで表彰されたもの、④指導者仲間や生徒からの評価が高いもの、⑤フルタイムでレッスンをしているもの、であった。これはなかなかレベルの高い基準である。

【指導の手順が明確】

彼女たちのレッスンの手続きをまとめると、次のようになっていた。①インストラクター側の説明、②デモンストレーション（模範を示す）、③生徒への実行の指示、④生徒の実行、⑤実行の結果についての評価、という手順である。これらをさらにまとめると、明確な指示と、実行結果への積極的なフィードバックということになり、あらゆる技能の指導で欠かすことのできない要素である。

1970年くらいから2000年くらいまでの30年間で、筆者が受けたさまざまな日本のレッスンの経験から言うと、日本のレッスンでは、②のデモンストレーションが十分ではなかったように思う。特に、ワンポイントレッスンでは次のようなやり取りになることが多かった。

「スライスが出るのですか。ちょっと打ってみてください」
「なるほど、ヘッドアップしていますね。それで、右に行きやすいんです」
「ヘッドアップしないように、頭を止めて振り抜く練習をしてください」

というような指導が、ズボンに手を突っ込んだままのインストラクターからなされる。ヘッドアップを直す方法を、デモンストレーションを交えて指導することは、かなり難しいことなのだろうが、おっくうでやらないプロもいるようだ。

必要な情報とコミュニケーション能力の高さ

インストラクターと生徒の行動は、いくつかのカテゴリーに分類されて、記号化された。それらのカテゴリーは（A）受容（受け止め）、（B）ほめる、（C）問いかけ、（D）情報を与える、（E）批判、（F）指示、（G）生徒の反応などである。これらの中から、よいインストラクターを見分けるのに役立つ要点を、少し詳しく見ていきたい。

①「情報を与える」

インストラクター側の最も頻繁な行動は、もちろん「情報を与える」である。この情報の中には、スイングの説明や意見、考えの表明などが含まれる。

この研究に参加したレベルの熟練したインストラクターは、知識も豊富で、ゴルフのことになると際限なく話し続けられるほどの量の情報を持っている。しかし、レッスンの現場では、限られた数のメイントピックスに集中する。そして、限られた注意事項を繰り返し提示していく。この理由は、熟練したインストラクターは、生徒が必要でかつ理解できる情報の量を感知していて、調整して話しているのだろうと考えられている。

この発見から言えることは、一回のレッスンで３つも４つも注意事項を与えるインストラクターは、「要注意」であるということであろう。

もう一つの「要注意」は、一つの注意事項が十分に練習される前に、別な注意事項が指示されることであろう。正しいグリップで振る練習の最中に、「あ、スイング軌道も直さなければだめですね。それと、やはり、ボールの位置も……」と次から次へ注意事項が移ってしまう未熟なインストラクターもいる。そのようなインストラクターも、実際は、サービス精神によって、たくさんの情報を与えようとしている場合が多いのだが、避けたほうがよいタイプのインストラクターである。

②「問いかけ」

練習しているポイントについての、生徒とインストラクターの間のコミュニケーションは、インストラクター側からの問いかけによって開始されることが多い。

この研究の熟練したインストラクターたちも、生徒への「問いかけ」を頻繁に行っている。この問いかけは、生徒のスポーツのキャリアや、ゴルフでの目標などを知ることで、生徒に合ったレッスンを計画する助けになるだけでなく、練習している課題にどのように生徒が向き合っているかを理解する助けになる。

たとえば、バックスイングで右側へのスウェーを止めようとしている生徒に、「身体のどの部分で止めようとしているか」を問うことで、生徒の試みが適切なのか、改善を必要とするものかを判断することができよう。

一人のプロは、問いかけに対する生徒の答えを受け止めることで、生徒が内面で感じていることを自由に表現できる雰囲気をつくれる、というようなことを語っている。また、そうすることは、生徒が指示に受身的に従うのではなく、知的に頭を働かせることで、自分のゴルフスイングについての考えを深めることができる、とも語っている。

このような意図によって、問いかけをしてくれるインストラクターにめぐり合えることは幸せである。

③「賞賛と批判」

ほめるのと批判するのとでは、ほめるほうが学習を促進するということは、現代では常識になりつつある。女子マラソンのQちゃんと小出監督の関係はその典型を示していた。

この研究の熟練インストラクターたちも、言語的賞賛もうなずきや拍手などの非言語的賞賛も頻繁に行っている。それに対して、「ダメ」とか「間違っている」とか、「しかめっ面」などの批判的言動は極めて少ない。

この研究の熟練したインストラクターの行動分析では、レッスン行動の約10％は「賞賛」の時間に費やされている。批判の時間はわずか0・5％である。

「自分をよく理解してもらうこと」が上達の早道

ジョージア大学とアメリカLPGAの「熟練したインストラクター」の研究の全容を示すことは、本書ではできないが、全体を要約すると、優れたインストラクターは、①自分で手本を示すことができ、②生徒の個人差を考慮し、③明確な指示を出すことができ、④意味ある問いかけができ、⑤よく生徒をほめるが、めったに批判はしない、というような指導を行っているようである。指導の技術的内容が優れたものであることは当然である。

筆者の40年近いゴルフのキャリアの中では、日本プロゴルフ協会の指導者養成の学術的分野での協力をしたこともあった。それらの経験を振り返ると、このようなインストラクターを探し出すのは簡単ではないかもしれない。

しかし、逆に、生徒の側が辛抱強くレッスンを受け続けることで、インストラクターに自分をよく理解してもらうことも大切であろうと感じている。

宮本武蔵に学ぶ剣とゴルフ

「持ち方は、親指と人差し指は浮かせる心持ち、中指は締めず緩めず、薬指・小指を締める気持ちで持つのである」

この言葉は、ゴルフのレッスン書のグリップについての注意ではない。宮本武蔵の『五輪書』の水《すい》の巻に書かれている「太刀の持ち方」の一節である。でも、不思議にゴルフのグリップにも通用しそうである。

ゴルフの技術について、宮本武蔵に学ぶべきことは多くある。

次に学ぶべきは、長いものの振り方である。つまり、武蔵の太刀の振り方の説明の中には、びっくりするほどゴルフクラブの振り方との共通点がある。

自然なスイング軌道のヒント

「太刀を早く振ろうとするために、かえって『太刀の道筋』に逆らって振りにくいのである。太刀は振りよい程度にゆっくり振る気持ちが大事である。扇や小刀などを使うように早く振ろうと思うから、太刀の道筋が違って振りにくいのである。それは小刀きざみといって、そのような振り方の太刀では人は切れないものである」

この「道筋」は、ゴルフでいえば、クラブヘッドの重力によってつくられる自然なスイング軌道ということであろう。早振りによってそのような自然の軌道を外してしまうと、クラブヘッドのスピードが鈍ってしまうという意味に、この武蔵の言葉は読み取れるのではなかろうか。

手先だけで速く振ろうとするよりも、太刀の重量を感じながら、ゆっくりと振るほうが、威力のあることを知っていた武蔵は、ゴルフクラブを振ってもスイートスポットのスピードを加速させるスイングができたに違いない。

ゴルフのスイングで、初心者が犯しやすい過ちの一つは、ダウンスイングを急ぎすぎることであろう。バックスイングをゆっくりと行うことはできるようになっても、ダウンスイングをゆっくりと振れるようになるためには、もう一段の練習が必要である。強く打つことに気持ちが働いて、ダウンスイングでクラブに近道を通らせようとするのである。そのために起こる最も特徴的な動きは、左腕を曲げてしまうことであろう。そのために、クラブは速く動くような気はするが、クラブヘッドは速く走らない結果となる。

肘《ひじ》を曲げないで振ることの重要性を、武蔵は次のように述べている。

「大きく肘を伸ばして強く振ること、これが太刀の道である」

宮本武蔵の『五輪書』を再読して気づくことは、剣の道の精神論とともに、技術論にも、身体論にも深い考察が加えられていることである。

「戦う人はいい顔をしなさい」

スタート前に気迫が感じられず、萎縮した雰囲気になってしまう人がいる。表情はというと、緊張し、カッカと燃えているという感じではない。どちらかというと悲しげで、うつむき加減。内にこもってしまった感じである。ゲームの途中でミスが出て、落胆し、表情だけでなく、姿勢にもその気分が表れてしまう人もいる。

武蔵の『五輪書』の中に、戦いの場での姿勢（表情）について触れているところがある。「姿勢は、顔はうつむかず、仰向かず、ゆがまず、額にしわを寄せず、……目を常より細めにして、穏やかな顔、……両肩を下げ、背筋をまっすぐに、尻を出さず。戦いの場での姿勢を、平常の生活での姿勢とするように訓練することが肝要である」と述べている。

顔はうつむいてはダメなのである。調子が思わしくないというように、首をひねるのもダメだろう。不安そうな顔もダメ。穏やかな顔をつくっていなければならないのである。

では、「いい顔をすれば、勝てるのか」と反問が出るかもしれないが、実は、答えは「イエス」である可能性が高いのである。

野球のピッチングの練習を、笑顔でやるのと苦しそうな顔でやるのとでは、笑顔のほうが球速を持続させられる、というスポーツ心理学の実験研究もある。心理学の有名な実験に、氷水の中に手を入れておく時間を、笑顔の人と苦しい顔の人が競争すると、笑顔の人が勝つ確率が高い、というものもある。

社会生活でも、苦境を乗り切るときに、無精ひげを生やしたままの人と、身だしなみを調え、苦しそうな表情を見せない人では、後者のほうが成功する確率は高いと言われている。このようなことには同じ原則があるのだろう。

武蔵の考え方の興味あることの一つは、「心を平静に保つための『姿勢や表情』も練習せよ」と言っていることである。

いつもと同じ気持ち

「いつもの気持ちでいこう」とか、「平常心で戦え」という掛け声は、スポーツの場面でよく聞くものである。

「平常心」は、元来は仏教用語のようだが、戦いの場での平常心を説いたのは宮本武蔵が元祖だろう。それを『五輪書』の中で見てみよう。

「兵法の道において、心の持ちようは平常の心と変わってはならない。心を広く素直にして、緊張しすぎず、少しも弛《たる》まず、心に偏りが無いように、心を真中におき、心を静かに揺るがせて（流動性をもたせて）、その揺るぎの中にも一瞬たりとも揺るぎを失わないように、よくよく吟味すべし」とある。

アニカ・ソレンスタムは「ゴルフではいつも同じ気持ちでいることが大切である」と言っているが、武蔵はさらに高度なレベルから「いつもと同じ気持ち」について述べているように思われる。単に「いつもの気持ちで」と思っただけでは、足りないようである。

変化を嫌う人は進歩しない

進歩への情熱は高く、練習も熱心なのに、進歩しないゴルファーがいる。それがアマチュアゴルファーというものだろうと言われてしまえば、筆者も含めてそうであると言わなければならないだろう。そのような自明のことを、ここで話し始めるのは理由がある。

自分の中にある「ブレーキ」に気づく

進歩を鈍らせている自分の中にある「ブレーキ」に気がついて、自己変革をしていくことができれば、ゴルフがこれまで以上に楽しくなると思われるからである。それだけではなく、「自分はやればできる」という自己有能感（自信）を感ずることができるようになる、とも思われるからである。

自己改革の目標を持って努力して、達成感を覚えるということは、子供の教育において大切なのはもちろんであるが、大人にとっても大切な感覚だろう。特に、管理社会の中で生きていく大人にとっては、自己の有能感を感ずることのできる機会は少なくなっており、スポーツ、特にゴルフはそのような自信を実感できる貴重な機会であろう。

シングルプレーヤーと進歩

たくさんのゴルファーを、長年にわたって観察してきた経験をもとに考えると、ゴルフの進歩に対するゴルファーの態度には、3つのタイプがあると思われる。

①ゴルフのゲームがなんとかプレーできるようになるまでは、少し練習はするが、コースを回れるようになると、それ以上の進歩を真剣に望むことはない。自分の現状を受け入れるタイプである。スコアはいつまでもハーフで60前後。

すべての人が進歩を目指して、努力しなければ幸福なゴルファーになれないわけではないから、これはこれでよいと思う。

②上達への意欲は高く、おまけに負けず嫌いで、練習も熱心。しかし、進歩のために根本的なところから自分を変えようとはしない。技術的な面でも考え方の面でも大きな変化は避けようとする。問題を応急的に改善すればそれでいいのであって、自分の基本的立場はそのままでいようとする。右手のグリップを直してスライスが少なくなれば、ゴルフ全体がよくなったと勘違いするようなタイプである。

したがって、スイング全体、あるいはプレー全体への改善にまでは意識がいかない。なぜなら、そこまでの改良をするためには、今までの自分を否定して変革する作業がかなり必要だからである。

このタイプは、プロに継続的に指導してもらうことをしないが、よい指導者がいないことや費用の問題であるよりは、根本的な自分を変えられたくないからのように見える。

③進歩するために必要な変化に、現実的に対処しようとする態度である。自分に古くから染み付いているさまざまな習慣を修正する必要があれば、その修正を受け入れて、時間をかけて達成しようとするタイプである。

一つの問題についても繰り返しプロから指導を受け、練習場だけでなく、コースでもできるまで練習する。

また、変革の過程では、進歩ではなく後退と思われる段階が出現しても、安易に古い習慣に後戻りせずに、がまんできるタイプでもある。シングルプレーヤーになるにはこの態度が必要である。

ドライバーやパターを買い換えても

2番目のタイプは、「自分の欠点は自覚しているのに、思うように修正できない」という点で、欲求不満が高まる。

練習場で少しはよくなったと思ったのに、コースへ出たらまた悪いクセが出てきた、というようなことを繰り返す。この繰り返しの中で、だんだん自信を失い、基本的な問題解決を諦めてしまい、1番目のタイプの「現状を受け入れてプレーを楽しむゴルファー」に変わっていくこともある。

あるいは、よいゴルフ仲間やプロとの出会いによって、3番目のタイプに変わっていくこともある。それまでは、ドライバーやパターを買い換えたり、発作的に練習に集中したり、合理的とは思えぬ努力を継続する。

「気持ち悪いところへ」クラブを上げよ

「進歩の意欲は高いが、進歩しないタイプ」のゴルファーの練習を見ていると、気持ちのよい練習に終始している人が多い。

気持ちのよい練習の第一は、苦手なクラブの練習はしない練習である。ドライバーの調子がいいと、それだけ練習していい気分で練習を切り上げる。

気持ちのよい練習の第二は、ナイスショットを求める練習である。スイングの改造の途中では、ナイスショットが出るとは限らない。場合によっては空振りだって、ダフリだってありうる。

2番目のタイプのゴルファーは、このようなミスをがまんすることができない。練習場なのにいつもナイスショットを打っていたいようである。まわりのゴルファーへの見栄なのだろうか。そのためなのだろうか、ミスの出やすい新しいスイングの練習は放棄して、当たる確率の高い、これまでの習慣になっているスイングに戻してしまうのである。そして、気持ちよさそうに練習を続けるのである。

気持ちのよい練習の第三は、楽な身体の動きをする練習である。読者が天才でなければ、本能的に、あるいは反射的に行っている動作には修正が必要である。ところが、修正された動作は、最初は気持ちが悪い。グリップなどは特に敏感で、プロに修正された握り方をすると、ボールをしっかり打てないような気分になる。そのために、プロに修正された直後はそのとおりに実行したとしても、次の日の練習では元に戻ってしまっていたりする。

筆者の経験で恐縮であるが、トップの位置を廣野ゴルフ倶楽部の橋田プロに指導していただいたことがあった。それまで上げたこともないような「右耳の上の位置に上げていけ」という指導をいただいた。身体が震えるぐらいに巻き上げないと届かない位置である。その指導をいただいたとき、自分は楽な位置で、ゆるんだトップをつくっていたことが分かった。

私はそのとき、トッププロの厳しいスイングづくりの一端を知った気になったが、自分一人になると、楽なゆるんだ姿勢のスイングにすぐ戻ってしまった。

正しいスイングを身につける方法

長年、習慣になった心地よい動きを修正して、新しい動きを習得していくプロセスでは、違和感や心地悪さが伴うことが多い。

グリップをスクェアに直すこと、スタンスの幅を変えること、オーバースイングのトップの位置を直すこと、いずれも違和感を伴うものである。新しい技能を修得するための、初期の練習で感じられる違和感をがまんして、新しい姿勢や動きに慣れていくためには、自分は「進歩への正しい過程を歩んでいるのだ」という確信が必要である。

「改善」には、プロからの確信と安心が必要

オーバースイングを直そうとしている人（右利き）の例を考えてみよう。

そのゴルファーは、トップの位置で、クラブヘッドが頭の左側に見えてしまうほどのオーバースイングを友人に注意され、レッスン書を勉強し、そこに示されたようなトップをつくってみたとしよう。そのゴルファーは、「こんな小さなトップからでは十分な力でボールを打てない」という違和感を持ちながら練習をすることになるだろう。

そこで、ボールをジャストミートしてまっすぐに飛ばし、「クラブをぶん回さなくとも、しっかりとらえればボールは飛ぶ」ということを学んだ人は、そのフォームでの練習を続けるだろう。

でも、多くのゴルファーは、最初からそううまくいくものではない。トップしたりダフったり、引っ掛けたり、定まった望ましい結果にはならないことが多い。

そこで疑いが生じる。「自分の考えている修正法は間違っているのではないか」という疑いである。その疑いに対する反応は、次のようになることが多い。「正しい修正法が分かるまでは、この練習は止めておこう」となる。そして、次の練習では、ビジェイ・シンを真似てみたり、タイガー・ウッズになったり、宮里優作になったりする。

そのような、「改善法」について、確信のないゴルファーにとって大切なのは、プロのアドバイスである。「そのスイングでいいのです。今はボールに当たる精度は落ちていますが、身体の動きはよい方向に変化しています」というようなお墨付きは、変化することに迷っているゴルファーに安心と確信を与える。ゴルファーの側に立って言えば、このように変化をサポートしてくれる指導者や先輩を持つことが大切ということである。

有名プロにたまたま指導を受ける機会があって、そのことを自慢げに語っている人がいる。ところが、自慢だけではなく、実際にスイングもよい方向へ変化を見せることもある。多分、有名プロの保証によって、練習すべき課題に安心して集中できるようになったためだろうと解釈できる。

課題は小分けにして一つずつマスターせよ

練習場で練習しているゴルファーを見ると、その練習の大部分はドライバーである。でも、ドライバーの練習だけで、ハーフで45が切れるようになるだろうか。これは不可能とは言わないが、かなり難しい仕事だろう。

ゴルフはボールを前に打って、ホールに入れる、という単純な運動のようだが、実際にはさまざまな技能が要求される。ボウリングなどよりかなり複雑であり、簡単に飽きてしまうことがない。そのために、複雑な課題の一つひとつを丹念にマスターしていき、総合力を高める根気が必要なようである。

ドライバーの練習に集中する人とは反対に、さまざまな技能を練習しようとする人もいる。だが、「一度にゴルフをマスターしてしまうぞ」というような勢いで練習する傾向がある。社会人であるから、練習の時間が限られていることにも原因があるのだろうが、たまに取れた休日などに、何時間も練習し続けている。一度にたくさんの技能をマスターしようとする練習は、たくさん練習した割には、進歩に結びつかない練習になることが多い。

本書の第5章2項で、アメリカの優秀な女子インストラクターの指導法について見てきたように、優秀なインストラクターの、1回のレッスンでチェックするポイントは多くはない。そのかわりに、一度うまくいけばそれでよい、ということにはならないようで、何度も同じポイントの練習が繰り返されるようである。

このように、ポイントを絞ればよいことは、実は、日本のインストラクターも知っている。一度にたくさん教えてしまうのは、「欲張りな一見《いちげん》の客」のゴルファーが多いためである。

そこで、一つの提案だが、継続してレッスンを受ける時間とお小遣いの余裕ができたとき、近所のプロに「アプローチを教えてください。転がすアプローチ、上げて止めるアプローチ、上げて転がすアプローチ、これらを系統的に週1回、3カ月で指導してください」と頼んでみてはどうだろう。

3カ月では短いかもしれないが、それでも、実行したゴルファーのゴルフは変身を遂げるだろう。そして、進歩のために必要な課題を分析して、一つずつ習得していく感覚を学ぶことができよう。

つまり、課題を小分けにして、マメに練習するということである。

1打1打のイメージを丁寧に描け

練習熱心なゴルファーの、欲求不満の原因の一つは、練習場でできたことが、次の日にはなぜかできない、あるいはコースへ行ったらなぜかできない、ということであろう。

この原因は、最近の脳科学でかなりのことが分かってきている。打球の間隔を30秒以内で打ち続けるときに、スイングを記憶しておく脳内の場所と、1日以上の間隔をおいてスイングをしようとするときに参照しようとする「スイングの設計図」が記憶されている場所は違う、ということまで分かってきている。また30秒以内の短期記憶が、そのまま長期の記憶になるわけではないことも分かってきている。

どのように練習をすれば、長期に定着した運動記憶がつくりやすいかについて、現在、実験心理学や脳科学の分野の研究が進められているようだが、運動の習得では「できたぞ、分かった。今度こそ開眼したぞ」というのと、運動の安定した記憶ができたということは、同じではないということのようである。

具体的にどう対処したらいいかというと、調子がいいからといって、ポンポン連打するよりは、1打1打イメージを丁寧に描いて、打ち続けることがよいようである。つまり、楽な練習はないということらしい。

タイミング感覚を磨け

ゴルフのスイングの練習をしているときに、われわれは何を練習しているのだろうか？「できるだけ遠くに、まっすぐ飛ばすこと」を練習していると言ってしまえば、練習の目的のすべてが尽くされるだろう。そこまで結論を急がずに、この最終的目標を達成するためには、何を練習しなければならないのか、というレベルで練習課題を分析してみることは、練習を充実したものにするのに役に立つ。

インパクトでヘッドスピードを最大に

「遠くへ、まっすぐ飛ばす」ために、われわれが指導を受けてきたことを振り返ってみよう。まず、グリップの形、トップの位置、フィニッシュの形などの指導を受ける。いわゆる、フォームの練習が行われる。

フォームの練習には、外から見える形の練習と、身体の内部から感じられる形の練習、たとえば「体重を左足にかけて」というような「形」の練習も含まれる。

次の練習課題は、身体各部位と道具の「動きの順番」である。ヘッドアップも動きの順番の問題である。インパクトが終わってから、頭を起こせ、という話に置き換えることができる。「ダウンスイングの始動は、（右利きなら）まず、左かかとから」とか、「手首のコックはクラブヘッドを30センチまっすぐに引いた後で」というような練習課題は、正しい「動きの順番」の習得を目標としている。

3番目の練習課題は、ゴルフでは少し難しい。「リズムとタイミング」の練習である。「バックスイングはゆっくり」とか、「チャーシューメンというリズムでスイングする」といった練習は、全体的なリズムの「初歩的」な練習である。

上級者の練習には、もっと微妙なものがあるようである。バックスイングからダウンスイングへの切り替えで、体幹の巻き戻しとクラブの運動の時間的関係をどのようにするか、というようなことも問題になる。クラブがトップまで上がることに先行して、体幹は巻き戻しを開始するのか。そうだとするならば、どのような時間間隔を感じて動けばいいのか、といったことが問題となる。

最も重要な、タイミングの問題は、インパクトでヘッドスピードを最大にすることである。ゴルファーが自分の意図したように、クラブヘッドのスピードを、意図したポイントで最大にすることは、実は簡単ではない。ヘッドスピードが一定のレベルに達すると、音の出る笛のついた練習器具を振ってみれば、力を入れさえすれば笛の音が出るものではなく、速く振るには力の入れ方のタイミングが必要であることが分かるだろう。このような、タイミングの練習は、これまでのゴルフレッスンではあまり行われてこなかった。

ここでまとめておくと、ゴルフの運動技能は、３つの要素に分析することができるということである。

つまり、「形」（フォーム）、「順番」（シークェンス）、「時間」（タイミング）の３つであり、それぞれの要素の進歩を目指して練習することが、「飛んで、曲がらない」ショットの習得につながると考えられる。

ミスショットはフォームが原因か？

フォームやシークェンスの指導は、これまでのゴルフのレッスンでも十分に行われてきた。しかし、タイミングについては、効果的な練習法があまり研究されてはこなかった。

もう一つの問題は、「タイミング感覚を増強することは、本当によいショットに結びつくか」という点について、実証的な研究もないことであった。たしかに、ハンディ5以上の上級者やプロたちは、タイミングが重要なことを知っているし、ショットが不安定になったときにタイミングの調整をよく実行している。かつてレッスン界の大スターだった、レッドベターのプロに対する指導でも、タイミングの指導が大きな比重を占めていたようだ。

しかし、一般のゴルファーは、ほとんどタイミングの練習をしない。自分のショットの欠点は、フォームにあると信じている人が大部分のようだ。タイミング感覚の向上が、よいショットにつながったとして、さらに問題は、どのような練習をしたらよいタイミングでクラブを振れるようになるか分かっていないことである（本当は素振りがよいようなのだが、この単調さに耐えるためには、プロを目指すような「目標の高さ」を持つ必要があるかもしれない。継続した実行は難しい）。

タイミング感覚の向上とゴルフスイングの関係の、かなりしっかりした研究が、２００２年、アメリカの「総合心理学誌＝The Journal of General Psychology, Vol. 129, No. 1」に発表された。題目は、ずばり「タイミングのトレーニングは、ゴルフの正確性を高める＝Training in Timing Improves Accuracy in Golf」。ミシガン中央大学心理学部の研究で、共同研究者の一人に日本人の名前が入っている。Hajime Otaniとある。そこで、この研究を簡単に「オオタニらのタイミング研究」と呼ぶことにしよう。

メトロノームが技能の衰えを防ぐ

この研究の要約と結論を先に示そう。同じ時間間隔で繰り返されるメトロノームの音に合わせて両手を打ったり、膝を叩いていると、タイミングの感覚がよくなり、ゴルフのショットの正確性も増大する、というのがこの研究の要約である。この程度の話なら、これ以上読む必要はないと考える読者は、次の項へ進まれても結構である。

本項では、どのような理由があってこのような研究が計画されたのか、どのようにしてこのような結論に達したのかを、少し詳しく説明したい。その説明の中には、中年のゴルファーの技能の衰えを防ぐ、大きなヒントも含まれている。

【青年と中年ゴルファーの違い】

ゴルフのスイングの練習のために、この研究でタイミングの訓練が強調された背景には、いくつかの理由があった。それらをまとめてみたい。

①1997年に、ジャガチンスキーらによって発表された、青年ゴルファーと中年ゴルファーのスイングのリズムの違いには、「スイングの衰えがタイミングのずれによって生じる証拠」が示されていた。

青年ゴルファーのスイングでは、インパクトの直前でクラブヘッドの速度が最大になるのに対して、中年ゴルファーでは、ダウンスイングの初期に最大速度に達してしまう傾向が見られた（おじさんゴルファーの「明治の大砲」のようなスイングが目に浮かびますね）。

このようなタイミングの違いはあっても、スイング全体で発揮される力量は青年も中年も変わりはなかった。この研究結果から、加齢に伴うスイングの衰えは、タイミングの改善によって防げる可能性があることが予想された。特に、ダウンスイング全体を、ゆっくりと同じテンポで振る感覚を維持することが重要であると考えられた。

②ゴルフのスコアと相関関係の高いのは、飛距離よりもパーオン率であることが統計的分析で分かっている（パーオンは和製英語で、英語では greens in regulation という）。

③われわれが意識している運動行為の意図と、実際に生起する運動行為のタイミングは、精密に測定するとずれている。このような事実が、近年の脳科学の研究で分かってきた。

デイはその著書『時間、体内時計、運動』（１９９６年）の中で、「われわれの肢体は、必ずしも、われわれが命じたときに動くとは限らない」と述べている。その理由として、動きを命令する意識は大脳の働きであるが、動きのタイミングは小脳が司《つかさど》っていることがあげられており、意識したタイミングが忠実に小脳で実行されるためには、なんらかの訓練が必要であると考えられている。

日常生活の中での運動のタイミングは、幼児期から児童期までの試行錯誤の中で訓練されてきたかもしれないが、大人になってから学ぶ運動では、外国語の発音のための口の筋肉の訓練と同様に、かなりの訓練が必要である。

④小脳内にあるタイミング制御機構は、感覚の入力にも運動命令の出力にも、両方に働いているらしいことも分かってきた（１９８９年）。つまり、２拍目の短めなウインナワルツを聴

いて、その音楽をウインナワルツであると同定するタイミング・センサーと、ウインナワルツの音楽に合わせて身体を動かすタイミング・ジェネレーターは、同じ神経機構を使っているのではないか、という仮説である。

そこで、ミーガンらの研究者は、運動のタイミングを音で聞かせることが、運動の遂行を改善する研究を発表した（２０００年）。

【タイミング感覚を改善する音の訓練法】

以上のような背景、つまりスイングの改善にはタイミングの改善が必要であること、タイミング感覚は音を聞くことでも改善されることなどを踏まえて、オオタニらの研究は計画された。音の刺激は、パソコンを使ったメトロノームで1分間に54ビートで、研究参加者に聞かされた。40名の参加者（25～61歳、平均37歳、男子34名、女子6名）は、実験群と統制群に分けられた。

実験群は、タイミング感覚の訓練前に、ゴルフ練習場にあるゴルフコースシミュレーターで4種類のクラブを使って打球を行った（I9、7、5、ドライバー）。目標からのズレの距離によって、ショットの正確性が測定された。その後に、タイミング感覚の訓練が行われた。

訓練のスケジュールは、1セッション50分で、12セッションを5週の間に実施した。この訓練では、先に述べたように、パソコンを使ったメトロノームによって出される音に合わせて、手を打ったり足をタップする課題が練習された。その後に、訓練の効果を見るために、ゴルフコースシミュレーターを使った打球テストが再び行われた。

統制群は、レッスン書を読むだけで、タイミング訓練は行わなかった。

実験の結果は、レッスン書を読むだけの統制群に比べて、タイミングの正確性もショットの正確性も明らかに向上させた。レッスン書を読むだけの統制群には全く進歩が見られなかった。

スイング全体のテンポを一定に

このように、タイミング感覚の改善がショットの改善にもつながることが明らかになったが、一歩進んで、よいタイミングのスイングとは、どのようなタイミングで行われたスイングなのか、については問題が残る。

実は、筆者は筑波大学の学生を指導していたときに、ゴルフ部の学生の卒業論文の課題として、「池を前にしたゴルファーのスイングのタイミングの狂い」をテーマにしたことがあった。

その学生の発見は、同じパー3のホールのティーショットであっても、池のある場合には、トップでの切り返しを急ぐことで、せっかちなタイミングでインパクトを迎えるということであった。スイング全体のテンポを一定に保つこと、そして、インパクトで最大の力をボールに加えられるように、正しいタイミングのスイングをつくるためには、「オオタニらのタイミング研究」は役に立つと思われる。また、さまざまな応用も期待される。

このようなスポーツ科学の知識をもとに、上級者のスイングを観察することは、よいタイミングを学ぶことに役立つだろう。

ところで、パソコンにメトロノームの働きをさせるソフトウェアがない場合の工夫が必要だろう。一つの提案は、ピアノの練習で使ったメトロノームを利用することである。音に合わせて手を打って、メトロノームの音が手の音に消されて聞こえなくなったら、タイミング感覚は合格である。

あとがき

本書は、ゴルファーの皆さんに、心理学を学ぶ一人のゴルファーが、「こんなふうにプレーしてみたらどうだろう」と語り掛けるようなつもりで書かれた本である。その中の話題として、かなりの数の専門的研究論文をとりあげている。そして、少しレベルの高い話も含まれることになるだろう。そのような新しい書き方が必要と考えた理由は、日本のゴルフのレベルが上がってきているように感じられるからである。少し昔を振り返ってみよう。

日本のゴルフ人口の頂点は1991年だったようで、1395万人であったと推定されている。赤ん坊まで入れて、国民の約11%がゴルフクラブを握ったのだった。経済のバブル崩壊でその熱気は冷めたかに見えた。18ホールズ換算で2400強あったコースの大量の閉鎖さえ予想された。しかしゴルフは生き残った。2002年の『レジャー白書』ではゴルフ人口は10年ぶりに増加に転じている。ゴルフにまつわる虚飾やぜい肉をそぎ落として、スポーツとしてゴルフは再生してきているとも言えよう。

ゴルフのプレーそのものも、ゴルファーの熟練と同時に道具の飛躍的進歩によって、格段に進歩しているようにみられる。つまり、1980年代に30歳代に接待ゴルフでコースに出た人たちが、まだ体力も十分にある50歳代の壮年として、高性能のクラブとボールで、パー5のホールを2打で狙うようなゴルフをしている時代なのである。

ゴルフの隆盛は同時にゴルフにまつわる科学的研究も促進した。筆者が約30年前に、ゴルフの心理学についての話を書き始めた時代には、心理学の研究誌にもスポーツ科学の研究誌にもゴルフの心理学の研究論文は発表されていなかった。ゴルフの心理学の話は、有名プロの逸話やゴルフ仲間の言動の分析をもとに語られていた。それが、1990年頃から多くの論文が、スポーツ科学の研究誌だけではなく世界的に権威のある心理学誌にまで発表されるようになってきた。このことは、ゴルフにとって意味のある状況の変化と考えられる。

ゴルフが世界各国の大学の研究テーマとして認められるようになったこと、研究のために公の資金と施設が使えるようになったことを意味している。本書では、近年に発表されたゴルフの心理学の科学的研究のうちから、一般のゴルファーに役立つと思われる成果をできるだけ分かりやすく紹介するように試みた。

本書は、幻冬舎の福島広司さんと編集長の鈴木恵美さんから、新しいゴルフの心理学の書き下ろしを勧めていただいたことがきっかけでまとめられたものである。ここに記してお礼を申し上げたい。

2006年10月　　市村操一

幻冬舎新書 2

なぜナイスショットは練習場でしか出ないのか

本番に強いゴルフの心理学

二〇〇六年十一月三十日 第一刷発行
二〇〇七年 一月二十日 第二刷発行

著者 市村操一

発行者 見城 徹
発行所 株式会社 幻冬舎
〒一五一-〇〇五一東京都渋谷区千駄ヶ谷四-九-七
電話 〇三-五四一一-六二一一(編集)
〇三-五四一一-六二二二(営業)
振替 〇〇一二〇-八-七六七六四三
ブックデザイン 鈴木成一デザイン室
印刷・製本所 図書印刷株式会社

Printed in Japan ISBN4-344-98001-8 C0295
い-1-1
幻冬舎ホームページアドレス http://www.gentosha.co.jp/
＊この本に関するご意見・ご感想をメールでお寄せいただく場合は、comment@gentosha.co.jp まで。